安徽职业教育规划教材
新时代职教"领读"系列

领路
入学教育读本

主　编◎朱国苗　裴　罕
副主编◎吴中斌　胡　斌

图书在版编目(CIP)数据

领路 入学教育读本/朱国苗,裴罕主编.—2版.—合肥:安徽大学出版社,2019.8

ISBN 978-7-5664-1824-1

Ⅰ.①领… Ⅱ.①朱… ②裴… Ⅲ.①中等专业学校—入学教育 Ⅳ.①G718.3

中国版本图书馆 CIP 数据核字(2019)第 177194 号

领路 入学教育读本　　　　朱国苗　裴 罕　主编

出版发行：	北京师范大学出版集团 安 徽 大 学 出 版 社 (安徽省合肥市肥西路3号 邮编230039) www.bnupg.com.cn www.ahupress.com.cn
印　　刷：	合肥远东印务有限责任公司
经　　销：	全国新华书店
开　　本：	170mm×240mm
印　　张：	10.25
字　　数：	162 千字
版　　次：	2019 年 8 月第 2 版
印　　次：	2019 年 8 月第 1 次印刷
定　　价：	30.00 元

ISBN 978-7-5664-1824-1

策划编辑：李晨霞　王 黎　　　　　　　　**装帧设计**：李伯骥
责任编辑：李晨霞　王 黎　　　　　　　　**美术编辑**：李 军
责任印制：陈 如　孟献辉

版权所有　侵权必究
反盗版、侵权举报电话：0551—65106311
外埠邮购电话：0551—65107716
本书如有印装质量问题，请与印制管理部联系调换。
印制管理部电话：0551—65106311

《领路 入学教育读本》编委会

编委会主任 朱国苗 裴罕
编委会副主任 张娴 蒋新华
编委会成员单位（以单位首字母为序）

安徽材料工程学校
安徽华夏旅游学校
安徽建设学校
安徽金寨职业学校
安徽科技贸易学校
安徽省汽车工业学校
安徽省中等职业学校教师继续教育中心
安庆大别山科技学校
安庆市建筑工程学校
蚌埠商贸学校
滁州市机械工业学校
阜阳工业经济学校
阜阳职业技术学校
合肥市经贸旅游学校
淮北工业与艺术学校
宿州应用技术学校
天长市工业学校
铜陵市理工学校
皖西经济技术学校
芜湖高级职业技术学校
宣城市机械电子工程学校
宣城市信息工程学校
颍上县科学技术学校

总 序

职业教育从发轫之初,就担负着"为个人谋生之准备""为个人服务社会之准备""为国家及世界增进生产力之准备"这一平凡而真实的使命,包含着"在劳力上劳心,以教人者教己"的思想精髓。它一头连着教育,一头连着民生和经济,决定着产业素质,代表着民族品牌,体现着民本温度,更关系着人生出彩。党的十九大报告指出,我国要实现"两个一百年"的奋斗目标,实现中华民族伟大复兴的中国梦,必须要努力培养数以亿计的高素质知识型、技能型、创新型劳动者大军作为人才智力支撑。必须"完善职业教育和培训体系,深化产教融合、校企合作"。《国家职业教育改革实施方案》进一步明确"职业教育与普通教育是两种不同教育类型,具有同等重要地位"。

全国、全省职教工作会议以来,安徽职业教育在全国的影响、地位明显提升,呈现出稳中有进、持续向好、后来居上的良好态势。先后实施了创建国家级示范职业院校、职教大省和技工大省建设、皖江城市带承接产业转移职业教育国家试验区改革、皖北职教园区建设等重大政策措施。出台了《关于加强职业教育市级统筹的指导意见》,进一步明确市级人民政府在发展职业教育中的主体作用,扩大市级人民政府在区域内职业教育发展规划、资源配置、条件保障和政策措施等方面的统筹权。依托主管部门成立覆盖全省主要产业的9个行业教学指导委员会,充分发挥行业指导作用。连续举办9届皖江城市带职业教育校企对接会,搭建校企合作平台。围绕区域主导产业、支柱产业组建了41个职教集团,遴选124个校企合作省级示范基地(企业)、56个校企合作示范学校,密切校企之间、校际之间合作。职业教育资源整合力度不断加大,实施职业教育质量提升工程,提升职业院校整体办学水平,与国家现代职业教育质量提升计划、产教融合工程相衔接，整合各级各类职业教育专项资金和项目，重点建设省级示范特色学校、示范专业、示范实训基地、名师工作坊、现代学徒制试点、技能大赛赛点6大类957个项目等，为我省社会经济加快转型升级与实现高质量发展提供了重要的技术技能人才支撑。

为练好新时代我省职业教育的基本功，着力破解职教"体量大而不强，产教合而不深，体系建而未全"等难题，安徽省中职优秀校长工作室成员学校的同行们认真学习、贯彻全国教育大会精神，积极落实"职教20条"，主动对标"长三角"一体化发展战略，不断深化对本地市职教改革、现代治理、质量提升、内涵建设、特色发展的整体思考，不忘初心使命，强化责任担当意识，坚持以习近平新时代中国特色社会主义思想为指导，坚持以立德树人为根本、促进就业为导向，按照"领路——类型办学、中高接力，领航——生命至上、安全为重，领悟——情怀培植、经典品析，领教——文化引领、品牌塑造，领军——校企合作、双元育人，领雁——现代治理、团队建设，领衔——徽派特色、对外交流"的思考共识与行动方案，立足安徽实际，结合办学实践，组编新时代职教"领读"系列教材（专集），以期在职教深化改革与创新发展的新征程上识途引线，躬行探路；旨在"埋头拉车"的同时，更好地"抬头看路"，以便对表对标、风雨兼程，知行合一、同舟共济；更快地适应社会经济发展新常态和市场需求，加快完善职业教育和培训体系，更好地服务建设现代化经济体系和实现更高质量更充分就业的需要，合力培养高素质劳动者和技术技能人才，为建设现代化五大发展美好安徽作出新的贡献。

新时代职教"领读"系列教材（专集）编委会
2019年8月13日

前 言

职业教育是我国国民教育体系不可或缺的一个重要组成部分,是服务经济社会发展需要,面向经济社会发展和生产服务一线,培养高素质劳动者和技术技能人才并促进全体劳动者可持续职业发展的教育类型。职业教育与普通教育是两种不同教育类型,普通教育毕业生进入职业教育阶段后,面临适应新环境、新生活、新专业、新课程、新教学模式和新学习方式等一系列困难,一些新生不同程度地出现奋斗目标不明、学习动力不足、专业学习迷茫、学习方法不当、独立生活不适应等问题。而当前职业院校新生入学教育仍不同程度地存在对象特点把握不准、教育方式简单、针对性不强等问题。

随着全国教育大会的召开和《国家职业教育改革实施方案》的出台,职业教育重要地位和作用越来越凸显。为了适应和满足职业教育改革发展需要,帮助职业院校新生尽快适应职业教育,我们在广泛征求安徽省职业院校师生意见和建议的基础上,结合当前职业教育新形势、新政策、新要求,新修编的《领路　入学教育读本》作为新时代职教"领读"系列之一,面向更广、理念更新、内容更实。

我们组织修编这本书的目的是:通过有序进行入学教育引导与职业准备教育,使学生在思想、心理上迎接新的挑战,在学习和生活上适应新的角色转换,为愉快、高效度过职业院校学习生活奠定基础。

本书针对职业院校学生入学教育特点分为七讲,包括"校园与成长""军训与国防""行为与规范""安全与防范""学习与要求""知识与技能"以及"就业与升学"等内容。在编写体例上,每讲大体由"导读感悟""典型案例""方法常识""信息链接""拓展训练"等板块组成,力求言简意赅、生动活泼、图文并茂、通俗易懂、贴近学生,适合职业院校学生阅读学习。

本书可以作为高职院校、中职学校和技工院校新生入学教育教材或新生自学读本,也可作为班主任、辅导员、学生管理及德育工作者等的参考用书。本书的教学安排可在入学教育的第一学期,结合军训、专题讲座进行,也可结合德育课、文化课、专业课和实习课的教学选择内容、安排教学,还可以结合主题班会、利用社团活动和学校应急疏散演练等方式完成相应的教学任务。

本书由朱国苗、裴罕主编,吴中斌、胡斌任副主编。第一讲由王鹏修编,第二讲由田金玉修编,第三讲由刘海修编,第四讲陈偲偲修编,第五讲由古孜里努尔·艾尼瓦尔修编,第六讲由徐锐修编,第七讲由杨妍修编。全书由李双红(安徽教宣中心)统审。

本书在修编过程中参考了一些教育资源和同行的论著,也得到了兄弟院校老师们的大力支持,在此一并致谢!由于时间与水平所限,书中难免存在不足之处,恳请各位专家和广大师生指正,以便再修订时改进。

《领路　入学教育读本》修编组

2019 年 8 月

目 录

❋ 第一讲　校园与成长

话题一　认识职教体系　　　　　　　　　　　　　　　　　　/3
话题二　体验校园生活　　　　　　　　　　　　　　　　　　/12
话题三　了解专业课程　　　　　　　　　　　　　　　　　　/19
话题四　参加社团历练　　　　　　　　　　　　　　　　　　/25

❋ 第二讲　军训与国防

话题一　明确军训要求　　　　　　　　　　　　　　　　　　/33
话题二　做好军训准备　　　　　　　　　　　　　　　　　　/36
话题三　防止军训意外　　　　　　　　　　　　　　　　　　/37
话题四　强化国防观念　　　　　　　　　　　　　　　　　　/39

❋ 第三讲　行为与规范

话题一　塑造自己行为　　　　　　　　　　　　　　　　　　/48
话题二　构建融洽的师生关系　　　　　　　　　　　　　　　/51
话题三　做彬彬有礼的职校生　　　　　　　　　　　　　　　/54
话题四　正确处理矛盾　　　　　　　　　　　　　　　　　　/62

❋ 第四讲　安全与防范

话题一　注意校园安全	/70
话题二　预防自然灾害	/79
话题三　安全使用网络	/82
话题四　调控心理情绪	/86

❋ 第五讲　学习与要求

话题一　学习有关建议	/94
话题二　讲究学习方法	/95
话题三　提高学习效率	/100
话题四　提升素质能力	/104

❋ 第六讲　知识与技能

话题一　知晓学习特点	/110
话题二　制定学习计划	/115
话题三　获取知识建议	/120
话题四　提高技能要点	/122

❋ 第七讲　就业与升学

话题一　选择合适职业	/131
话题二　规划职业生涯	/136
话题三　走向就业之路	/138
话题四　实现升学梦想	/147

第一讲 校园与成长

从你进入职业院校的那天开始,职业教育就在改变着你的人生,它将让你拥有一技之长,成就出彩人生。从那一刻起,你就要告诉自己,在校园里要选择适合自己的成长路径,树立正确的世界观、人生观、价值观和职业观,为将来的求职就业打下良好的学业基础。职业院校是一个全新的起点,在这里,你要有自己的主见,要学会处理问题,学会如何作出选择,不仅要学会学习,还要学会做事、学会生活,更要学会做人、学会担当。

导读感悟

2014年,习近平总书记在全国职业教育工作会议上指出:职业教育是国民教育体系和人力资源开发的重要组成部分,是广大青年打开通往成功成才大门的重要途径,肩负着培养多样化人才、传承技术技能、促进就业创业的重要职责,必须高度重视、加快发展。

随着我国经济结构调整和转型升级,社会对技术技能型人才的需求量也越来越大(如机修工、焊工、导游等),有些技术技能型人才在单位的地位和待遇比"白领"还高。近几年,甚至出现了一些大学本科毕业生因找不到理想的工作,"回炉"到职业院校学技术再找工作的现象。

俗话说："三百六十行,行行出状元。"只要根据自己兴趣爱好和职业志向选择一门专业技术,并不断学习和钻研,从而掌握一门比别人更优秀的技术与技能,照样走遍天下。职业院校就是你学习技术、练就本领的舞台,助你将来扬帆远航,实现自己的人生理想。

典型案例

痴迷于汽车喷漆的少年——汽车喷漆金牌项目获得者蒋应成

1996年5月,蒋应成出生于云南保山。初中毕业后,出于对喷漆的热爱,蒋应成毫不犹豫地选择了设有汽车喷漆专业的职业高中。2012年,他进入杭州技师学院就读。

2016年9月,蒋应成参加第44届世界技能大赛汽车喷漆项目全国选拔赛,夺得第一名,入选国家集训队。

世界技能大赛汽车喷漆项目比赛的要求是油漆上下的厚度误差不超过0.01毫米,相当于一根头发直径的1/6左右。

蒋应成说:"在喷涂过程中,如果手抖一下就会超过0.01毫米,表面的颜色与标准颜色就会不一样,光泽度、纹理等都会出现变化,还会出现流挂等现象。汽车油漆一般要喷五六层以上,每一层都需要高标准。"

在比赛中,车身图案制作和车门内外双色喷涂这两个模块,让蒋应成分外上心。因为国内在这方面的技术信息资源相对较少,精通的专家也不多,蒋应成只能参照上一届的样板,不断摸索。

在比赛时间比上一届缩短4个小时、人数增加6名的激烈竞争中,蒋应成顶着压力,心无旁骛、沉着应战,最终夺冠。

"默默积蓄力量,我要走得更远"。虽然曾站在世界技能舞台之巅,但回到杭州技师学院,蒋应成又立即投身于汽车喷漆教学,之后,他将以教师的身份和责任感,手把手地传授学生喷漆技能。

话题一　认知职教体系

职业教育是整个教育事业的重要组成部分,它与普通教育是两种不同教育类型,两者具有同等重要地位,又有着密切联系。普通教育是以学习文化科学知识为主的基础教育,职业教育则是对受教育者在一定水平教育基础上进行的专业知识和技能教育。

职业教育注重学生适应社会发展和生产发展的职业道德、技术技能和高素质劳动者的培养。如果说,高新技术人才是社会经济发展的动力,那么高素质劳动者和技术技能人才则是社会经济发展的载体,职业教育承担的任务就是源源不断地培养和输送这种人才。

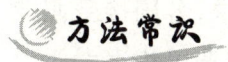

(一)明确职业教育及其与普通教育的区别和联系

●职业与职业教育　"职业"是指人们在社会生活中所从事的以获得物质报酬作为自己主要生活来源并能满足自己精神需求、在社会分工中具有专门技能的工作。"职业教育"是现代教育的有机组成部分,是对受教育者施以从事某种职业所必需的知识与技能的教育,职业教育亦称"职业技术教育"。它也是有目的、有意识、有组织地形成受教育者职业倾向、职业道德、职业精神,培养社会各行各业的合格劳动者的教育活动。

●职业教育和普通教育的联系与区别　职业教育和普通教育有许多相同的地方,如共同遵循教育的基本原则,共同追求培养德、智、体、美、劳全面发展的社会主义建设者和接班人的总体目标,共同遵循着政策宏观调控与学校自主办学相结合的原则。但职业教育与普通教育又有着明显的区别:

表 1-1 职业教育与普通教育的比较

区别 类别	教育类型	培养目标	培养方式	课程设置	学业水平评价
普通教育	以学习科学文化知识为主的基础教育。	为培养学术型人才奠基。	以理论教学为主,辅以实验、综合实践活动。	按照学科体系的内在逻辑安排课程,偏重于基本学科性知识的传授。	依据课程专家与教师开发课程,着重于学校环境中的知识理解能力与学业成绩。
职业教育	在一定文化科技教育基础上进行专业知识和技术技能教育。	培养具有一定文化知识的技术技能型人才和高素质劳动者。	理论教学与实践训练结合,做中教、做中学、教学做合一。	以职业岗位能力需求来设计课程,强调专业与产业、职业岗位对接,专业课程内容与职业标准对接,教学过程与生产过程对接,学历证书与职业资格证书对接,职业教育与终身学习对接。	依据行业企业与学校教师共同开发的职业能力标准,着重点在于工作情境中的职业应用能力与操作技能。

　　普通教育是职业教育的基础。随着现代科技在生产中的普及应用,对劳动者的文化素质和应变能力提出了越来越高的要求,各国接受职业技术教育的年龄段不断上移,也就意味着现代职业教育要以相当扎实的普通教育作为基础。

　　职业教育不是终结教育。"中职→高职→应用型本科→专业型研究生教育"的人才培养通道已经打通。《现代职业教育体系建设规划(2014—2020年)》中明确提出了职业教育的五个层次：初等职业教育、中等职业教育、高等职业教育(专科)、应用技术类本科职业教育、专业学位研究生职业教育。2019年,教育部批准15所职业学院更名为职业大学,升级为本科院校。对于学有余力、想上大学的学生,就读中职,同样可以实现大学梦想,通过努力还可以成为硕士生、博士生。

(二)认知现代职业教育体系

　　●我国职业教育体系　职业教育在快速发展的经济中扮演着非常重要的角色。发达国家和地区把发展职业教育作为满足劳动力市场需求变化和提升国际竞争力的重要手段。经过40多年的改革、开放与发展,我国经济产业结构和就业结构的调整速度加快,对职业教育发展也提出了新的、更高的要求。

在党和政府的高度重视下,我国职业教育建立和形成了以初等职业教育、中等职业教育、高等职业教育和职业培训为主体的职业教育体系(见表1-2)。其中,初等职业教育是在初级中学阶段开展的职业教育,纳入义务教育体系,招生对象是小学毕业生或相当于小学文化程度的人员,学制3~4年,主要讲授初中文化课和有关专业的生产劳动与职业技术课程。目前,这类学校主要设在欠发达的农村地区和边远山区。随着我国经济社会的发展,初等职业教育开始转型为基础或入门的职业培训。

表1-2 我国的职业教育体系

教育层次	办学主体	学制	招生对象	教学内容	培养目标
初等职业教育	职业初中	3~4年制	小学毕业生或相当于小学文化程度的人员	初中文化课、生产劳动和职业技术课程	有一技之长的劳动者
中等职业教育	中等专业学校、技工学校、职业高级中学、成人中等专业学校	3年制为主	初中毕业生或具有初中同等学力的人员	高中文化知识教育、职业知识教育和职业技能训练	高素质劳动者与技术技能型人才
高等职业教育	高等专科学校、应用型本科院校和成人高校	3~4年制	普通高中和中等职业学校毕业生	大学文化知识、专业文化知识和专业技能	高素质劳动者,应用型、工艺型、复合型的技术技能型人才
职业培训	成人技术培训学校、职业学校和就业训练中心等	时间灵活	对象不限	内容多样	提高劳动者的技术知识和职业技能水平

职业教育是指对受教育者实施可从事某种职业或生产劳动所必需的职业知识、技能和职业道德的教育,包括职业学校教育和职业培训。其中,中等职业教育是在高中教育阶段进行的职业教育(也包括一部分高中后职业培训)。中等职业教育是目前我国职业教育的主体,通过中等专业学校(简称"中专")、技工学校、职业高级中学(简称"职业高中")、成人中等专业学校(简称"成人中专")实施。招生对象主要是初中毕业生和具有初中同等学力的人员,学制以3年为主。这类学校在讲授高中基础文化科学知识的同时,根据职业岗位要求,有针对性地实施职业准备教育和职业技能训练,培养技能型人才和高素质劳动者。近年来,各类中等职业学校通过布局结构调整和资源整合开始走向融合。

高等职业教育是改革开放以来为了适应经济社会发展需要,在改革原有的高等专科学校、职工大学、成人高校以及整合优质中等职业学校资源的基础上发展起来的。目前,高等职业教育主要通过招收普通高中和中等职业学校毕业生,学制3~4年,培养高技能人才,特别强调培养应用型、工艺型、复合型的高技能人才。

职业培训是为丰富劳动者技术业务知识和提高职业技能水平开展的一种教育活动。与正规学校教育相比,职业培训具有内容针对性强、时间灵活、方式多样、招生对象不限等特征。目前,我国主要的职业培训机构有成人技术培训学校(按培训对象不同分为职工技术培训学校和农民技术培训学校)、各级各类职业学校和就业训练中心等。培训的内容主要是资格认证培训、学徒制培训、就业培训(包括第一次就业培训和再就业培训)、在职人员岗位培训、农村劳动力转移培训、农民实用技术培训等。

表1-3　2018年职业教育基本情况

项目＼院校类别	高职(专科)院校	中职学校
学校数量	1418所	1.03万所
年招生数	368.83万	559.41万
在校生数	1133.7万	1551.84万
招生数占比	46.63%	41.37%
在校生数占比	40.05%	39.47%

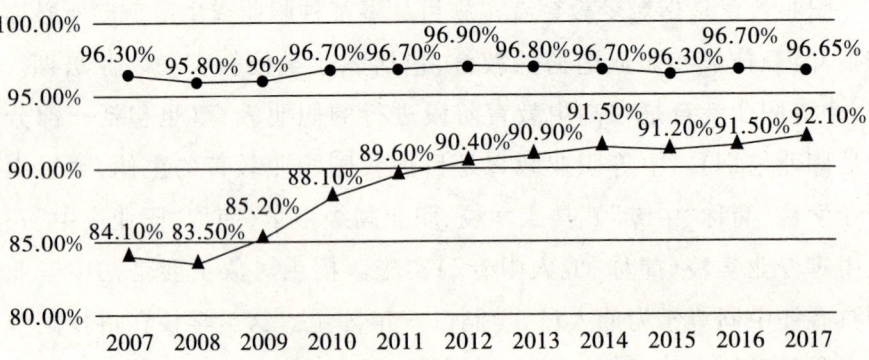

图1-1　近年来中高职就业率

改革开放以来,职业教育发展表现出不同的变化轨迹。其中,随着义务教育的普及,初等职业教育的办学数量、在校生数量和专职教师数量等在逐步减少。通过办学正规化,逐步减小了成人中等职业教育的办学规模;中等职业教育成为职业教育发展的主体,办学规模有所扩大。特别是 2000 年以来,先后出台的《国务院关于大力推进职业教育改革与发展的决定》《国务院关于大力发展职业教育的决定》《国家职业教育改革实施方案》,促进了中等职业教育和高等职业教育快速发展。

● 现代职业教育体系　现代职业教育体系是指适应经济发展方式转变和产业结构调整要求,体现终身教育理念、中等和高等职业教育协调发展,满足人民群众接受职业教育的需求,满足经济社会对技术技能型人才需求的职业教育系统。即为了适应地方经济社会发展需要、满足人民群众多样化职业教育需求所形成的由中等职业教育、高等专科教育、应用型本科教育到研究生教育的有机衔接,职业教育、普通教育、继续教育相互沟通的现代职业教育系统。

现代职业教育体系以各级各类职业院校和职业培训机构为主要载体,具有适应需求、有机衔接、多元立交的特点。适应需求,就是适应经济发展方式转变、现代产业体系建设和人的全面发展要求,遵循技术技能型人才成长规律,实现各级各类职业教育的科学定位和布局;有机衔接,就是统筹协调中等、高等职业教育发展,以课程衔接体系为重点,促进培养目标、专业设置、教学资源、招生制度、评价机制、教师培养、行业指导、集团化办学等领域相衔接;多元立交,就是推动职业教育与普通教育、继续教育相互沟通,实行全日制教育与非全日制教育并重,搭建职业教育人才成长"立交桥"。

为了加快发展现代职业教育,建设现代职业教育体系,服务实现全面建成小康社会目标,教育部、国家发展改革委、财政部、人力资源社会保障部、农业部、国务院扶贫办组织编制了《现代职业教育体系建设规划(2014—2020年)》(2014 年 6 月 16 日发布),在《建设规划》中明确了建设目标。

总体目标:牢固确立职业教育在国家人才培养体系中的重要位置,

到 2020 年,形成适应发展需求、产教深度融合、中职高职衔接、职业教育与普通教育相互沟通,体现终身教育理念,具有中国特色、世界水平的现代职业教育体系,建立人才培养"立交桥",形成合理教育结构,推动现代教育体系基本建立、教育现代化基本实现。

为贯彻全国教育大会精神,进一步办好新时代职业教育,落实《中华人民共和国职业教育法》,2019 年国务院出台了《国家职业教育改革实施方案》,明确了职业教育改革的总体要求、目标和具体指标。

1. 总体要求的要点

(1)把职业教育摆在教育改革创新和经济社会发展中更加突出的位置;

(2)完善职业教育和培训体系;

(3)鼓励和支持社会各界积极支持职业教育。

2. 总体目标的要点

经过 5～10 年时间,职业教育基本完成:

(1)办学格局:政府举办为主→政府统筹管理、社会多元办学;

(2)办学追求:规模扩张→提高质量;

(3)办学模式:参照普通教育办学→企业社会参与、专业特点鲜明。

3. 具体指标的要点

国家职业教育改革实施方案具体指标	到2022年,职业院校教学条件基本达标,一大批普通本科高等学校向应用型转变
	到2022年,建设50所高水平高等职业学校和150个骨干专业(群)
	建成覆盖大部分行业领域、具有国际先进水平的中国职业教育标准体系
	企业参与职业教育的积极性有较大提升,培育数以万计的产教融合型企业,打造一批优秀职业教育培训评价组织,推动建设300个具有辐射引领作用的高水平专业化产教融合实训基地
	职业院校实践性教学课时原则上占总课时的一半以上,顶岗实习时间一般为6个月
	"双师型"教师占专业课教师总数超过一半,分专业建设一批国家级职业教育教师教学创新团队
	在职业院校、应用型本科高校启动"学历证书+若干职业技能等级证书"制度试点工作

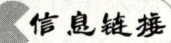

我国现代职业教育体系建设量化目标

目标	单位	2012年	2015年	2020年
中等职业教育在校生数	万人	2114	2250	2350
专科层次职业教育在校生数	万人	964	1390	1480
继续教育参与人次	万人次	21000	29000	35000
职业院校职业教育集团参与率	%	75	85	90
高职院校招收有实际工作经验学习者比例	%	5	10	20
职业院校培训在校生（折合数）相当于学历职业教育在校生的比例	%	14	20	30
实训基地骨干专业覆盖率	%	35	50	80
有实践经验的专兼职教师占专业教师总数的比例	%	35	45	60
职业院校校园网覆盖率	%	90	100	100
数字化资源专业覆盖率	%	70	80	100

（三）熟悉职业院校的资助方式

国家为鼓励初、高中毕业生就读职业院校，帮助家庭经济困难学生完成学业，建立了以国家助学金、国家免学费为主，以校内奖助学金和学费减免等为辅的资助政策体系。主要内容如下：

●国家助学金　中央和地方政府共同设立国家助学金，用于资助全日制正式学籍一、二年级涉农专业学生和非涉农专业家庭经济困难学生，每人每年2000元，家庭经济困难学生比例按在校生的15%确定。

●国家免学费　自2014年下半年起，国家对在职业教育行政管理部门依法批准、符合国家标准的中等职业学校全日制正式学籍一、二、三年级在校生中所有农村(含县镇)学生、城市涉农专业学生和家庭经济困难学生免除学费(艺术类相关表演专业学生除外)。

对在职业教育行政管理部门依法批准、符合国家标准的民办中等职业学校就读的一、二、三年级符合免学费政策条件的学生,按照当地同类型、同专业公办中等职业学校免除学费标准给予补助。民办中等职业学校经批准的学费标准高于补助的部分,学校可以按规定继续向学生收取。

● 国家奖学金　2007年起,国家在高职院校设立了国家奖学金和国家励志奖学金,标准分别为每人每年8000元和每人每年5000元。其中,国家奖学金基本申请条件是:热爱社会主义祖国,拥护中国共产党的领导;遵守宪法和法律,遵守学校规章制度;诚实守信,道德品质优良;在校期间学习成绩优异,社会实践、创新能力、综合素质等方面特别突出。国家励志奖学金基本申请条件是:热爱社会主义祖国,拥护中国共产党的领导;遵守宪法和法律,遵守学校规章制度;诚实守信,道德品质优良;在校期间学习成绩优秀;家庭经济困难;社会能力,工作能力较强,有一定的群众基础;无其他不良嗜好和不适合该荣誉称号的表现。2019年政府工作报告中明确提出在中等职业学校设立国家奖学金,并于2019年秋季实行。

● 其他奖学金　地方政府、相关行业、企业安排专项资金设立职业院校学生政府奖学金、专业奖学金和定向奖学金,如雨露计划。各职业学校也设立了标准不等的奖学金以奖励品学兼优的学生。

● 学校资助　职业院校每年安排不低于事业收入5%的经费,用于学生的学费减免、勤工助学、校内奖学金、生活补助和特殊困难补助等,以帮助在校学生完成学业。

● 其他形式资助　国家鼓励和支持有关机构、社会团体、企事业单位以及公民个人积极参与职业院校家庭经济困难学生资助工作,以帮助在校学生完成学业。

信息链接

资助政策问答

1. 哪些学生可以享受国家助学金?

答:全日制正式学籍一、二年级涉农专业学生和非涉农专业家庭经济困难的学生,一般家庭经济困难学生比例按在校生的15％确定。

2. 家庭经济困难学生如何认定?

答:家庭经济困难的学生须符合下列条件之一:

(1)孤残学生、烈士子女或优抚家庭子女等无直接经济来源者。

(2)单亲家庭、父母年事已高或患病丧失劳动能力,家庭无固定经济来源者。

(3)父母双方或一方有残疾,家庭无固定经济来源,基本生活难以维持的。

(4)学生家庭或本人突遭不幸,超越家庭经济承受能力的。

(5)享受农村或城镇最低生活保障家庭子女。

(6)农村家庭中两人同时在学校读书或两人同时在非义务教育阶段读书且经济困难的。

(7)有其他特别困难情形者。

3. 办理国家助学金有哪些程序?

答:办理程序如下:

(1)符合家庭经济困难条件的学生可先进行个人申请,填写申请表,并提供相关部门出具的有效证明材料。

(2)班级民主评议:由班主任任组长,班干代表和学生代表组成成员,成立班级评议小组。其中,学生代表一般不少于班级人数的10％。通过班级评议小组评议确定资助学生名单。

(3)学校学生资助管理机构审核:学校成立学生资助管理机构,对各班级评议小组申报的初步评议结果进行认真审核。

(4)公示:学校学生资助管理机构审核通过后,将拟定的家庭经济困难学生享受国家助学金人员名单在校内公示5个工作日。

(5)学校审批并上报:学校学生资助管理机构根据公示结果将家庭经济困难学生享受国家助学金人员名单,提供给学校学生资助工作领导组集体研究、审批、上报。

(6)上级主管部门复核:学校审批通过的家庭经济困难学生,需要上报给上级有关部门复核审批。

(7)发放:上级主管部门复核确认后的家庭经济困难学生按照国家政策规定享受国家助学金,学校为能够享受国家助学金的学生办理资助银行卡,发放资助金。

话题二 体验校园生活

进入职业院校,许多同学已经离开家庭开始独立生活了。在进校的第一天,就要告诉自己:从现在开始,以毕业为站点,我们都在同一起跑线上。

方法常识

(一)共建和谐寝室

同学们大部分时间是在集体宿舍内度过的,寝室生活得愉快与否,对同学们健康、生活和学习十分重要。

●制定寝室公约 到宿舍后,多人住在一个寝室里。需要选举或由班主任任命一个寝室长,制定一个寝室成员共同遵守的公约。内容主要有寝室卫生、寝室安全、同学相处等方面。寝室长应由办事公道、热心服务、有一定威信的同学担任,同寝室的其他同学应当支持寝室长的工作,服从寝室长的管理,每个人做好自己分内的事,共同打造一个文明、卫生、和谐的寝室环境。

●维护寝室卫生　寝室卫生优劣关系每位同学的身心健康,需要大家共同维持。一是要注意集体卫生:寝室卫生轮流打扫,保持地面无垃圾、洗漱台清洁、寝室通风换气等;二是不要随便在床上坐卧:从外面回到寝室,不要随便在床上坐,更不要不洗漱就睡到床上,以免身上和衣物上的灰尘污染床上用品,影响身体健康。

●建设寝室文化　寝室也是一个家,应对寝室进行必要的整理美化,如张贴必要的公约、名言警句、作息时间表、课表等,寝室内学习、生活用品摆放整齐有序,床上被褥叠放整齐,室友间相互帮助,讲文明懂礼貌,关系融洽。若同学们生活在这样的寝室里,则一定会心情愉悦,有利于学习和身体健康。

●参加宿舍活动　宿舍里有活动的时候要参加,不要搞特殊,不要搞个人主义,尽管你没那么想,但是如果宿舍里的活动你不参加,你的室友就会慢慢疏远你。

●与室友和谐相处　室友来自天南地北,习惯各异,与室友相处的时候,肯定会有争执和矛盾,如果矛盾不大,就各自容忍一下、退一步。对于室友不良的生活习惯要学会包容,不妨开诚布公地跟他(她)谈谈,有时是自己没有意识到而妨碍了别人,有人给他(她)提出来可能就会注意了。

●参加宿舍卧谈会　寝室是相互取长补短的好地方。可能你是一个沉默寡言的人,不喜欢说话,但是也要勇敢地参加宿舍的卧谈会,即使他们说的东西你一无所知,也要勇敢地向他们请教,这样你就会有很多朋友。

(二)养成良好习惯

●早睡早起　养成良好的作息习惯,晚上按时睡觉,早上按时起床;晚上不熬夜,莫贪玩,保证充足的睡眠。

●早晚刷牙　我们吃完食物后,会有少量残渣粘在牙齿上,晚上睡觉时口腔闭合,唾液分泌减少,加上口腔温度合适,口腔里的残渣就会在口腔细菌作用下变酸,使牙齿缺损、疼痛,破坏牙齿功能,影响消化吸收,严重时能引起牙髓炎、根尖炎等疾病。所以,要养成早晚刷牙、饭后漱口和睡前不吃东西的良好习惯。

● 体育锻炼　要积极参加学校组织的体育运动,锻炼不仅可以使我们的骨骼、肌肉强壮发达,还能促进大脑和各内脏器官的健康发育。

(三)讲究个人卫生

● 做到"四勤"　勤洗手、勤洗澡、勤剪指甲、勤打扫卫生。手经常拿这摸那,很容易被弄脏。如果用脏手抠鼻子、揉眼睛、摸嘴巴,就会把病菌带进体内,特别是长指甲内含大量污垢和有害病菌,极易引起疾病。

● 做到"两不""五好"　"两不"就是不和他人共用卫生洁具,如毛巾、杯子、牙刷等;不要乱扔废品和垃圾。"五好"就是心态调整好、生活安排好、饮食调节好、衣服穿得好、健康关注好。心态调整好就是要保持心情愉快;生活安排好就是每天为学习、体育锻炼、休息等活动安排一定的时间,使自己每天生活有规律;饮食调节好就是每天的膳食要合理,荤素搭配有营养;衣服穿得好就是着装大方得体、干净整洁,并随气温的变化而增减衣裳;健康关注好就是具有必备的健康常识,注意关注自己身体健康状况,有病及时寻医就诊。

(四)文明有序用餐

● 文明用餐　住校用餐要自觉有序排队,不哄抢,不乱倒剩饭剩菜,保持餐桌清洁。用完餐后自备餐具要及时清洗,公用餐具须放到指定地点,同时尊重食堂炊事员和服务员的劳动。

● 节粮节水　爱惜粮食,节约用水。根据自己的需要,适量取用饭菜和饮用水。吃饭时,倡导"光盘"行动;自来水不用时,应及时关闭水龙头,杜绝浪费,崇尚"低碳生活"。

● 饮食健康

1. 吃好早餐　不吃早餐会使人体血糖降低,大脑营养供应不足,而上午又是功课最多的时候,大脑需要的能量得不到供应,从而影响功课。因此,每天要吃好早餐,早、中、晚餐定时定食。做到早吃好、午吃饱、晚吃少。此外,每天尽可能多吃蔬菜、瓜果和豆制品。

2. 不吃变质食物　不随意购买、食用街头小摊贩出售的劣质食品与饮料,在超市、商店、网上购买包装食品还须认准质量安全(QS)标志。此外,不要食用长期存放的食物,这些食物腐烂变质后往往味道变酸、变苦,散发出异味儿,这是因为细菌大量繁殖引起的,吃了这些食物会造成食物中毒。

3. 充足饮水　水是人体的最主要的组成部分,研究发现,饮水不足是大脑衰老加快的一个重要原因。同学们不要等口渴了再饮水,每天至少要饮用8杯水,以保证身体正常代谢的需要。

(五)共创文明班级

●融入集体　班里的同学可能来自各个地方,有着不同的背景、不同的习俗、不同的想法、不同的生活习惯,这时,要学会从对方角度看问题,尊重对方的选择。当同学的选择与自己不同时,要宽容面对。不要单纯以自己的标准来要求别人,要适当地改变自己。要平易近人才可以很好地融入集体。

●热爱班级　身为班级一员,要主动维护班级的荣誉;学会团结协作,共同进步;勇于承担责任、义务,自觉保护班级公共设施。

●积极参加班级活动　班级是我们在校最好的相聚场所,而学校的许多活动都是以班级为单位组织的,要积极参与,这样我们就能了解很多、学会很多。

(六)注意保护环境

●垃圾分类存放　垃圾可分为可回收垃圾、有害垃圾、湿垃圾、干垃圾。其中,可回收垃圾指适宜回收和可循环再利用的废弃物,主要包括废玻璃、废金属、废塑料、废纸张、废织物等;有害垃圾是指对人体健康或自然环境造成直接或者潜在危害的零星废弃物,单位集中生产的除外,主要包括废电池、废灯管、废药品、废油漆桶等;湿垃圾是指易腐的生物质废弃物,主要包括剩菜剩饭、瓜皮果核、花卉绿植、肉类碎骨、过期食品、餐厨垃圾等;干垃圾是指除有害垃圾、可回收物、湿垃圾以外的生活废弃物。

●不用塑料袋盛放食品 一些塑料是用聚苯乙烯、聚丙烯、聚氯乙烯、双酚类等高分子化合物制成的(如一次性发泡饭盒和食品袋),这类物质一旦遇热(65℃以上),塑料中的有毒物质就会析出附着在食物上,食用后会致畸致癌,危害健康。这些塑料垃圾"烧不得"(对其焚烧会释放出多种化学有毒气体,破坏生态环境,对人和鸟兽也有很大危害),又"埋不得"(如果将其填埋,因为它不透水、不透气,就会影响农作物吸收养分和水分,导致减产),而且这些塑料不可降解,被自然环境中的微生物分解成无机物,甚至需要好几百年。

●少用一次性物品 餐巾纸、一次性饭盒、一次性筷子等尽量少用。一方面,生产一次性用品需要耗费大量的资源,排放大量的废弃物;另一方面,一些一次性用品使用后,最终成为难以降解或不可降解的垃圾;即便是用环保材料制成的一次性用品,其制造、回收的过程也同样消耗大量的能源。因此,我们用餐时应携带餐具,少用或不使用一次性餐具(碗、盘子、筷子等)。

●爱护校园花草 校园里的绿色草坪、树木,能对环境起到净化作用,会让我们的环境更加优美,同学们绝不能随意践踏草坪,还要做到不掐摘花朵,不毁坏树木。

(七)德智体美劳全面发展

●德育 党的十八大报告中,首次提出将"立德树人"作为教育的根本任务。国家教育部修订印发的《中等职业学校德育大纲(2014年修订)》,明确提出要把学生培养成为爱党爱国、拥有梦想、遵纪守法、具有良好道德品质和文明行为习惯的社会主义合格公民,成为敬业爱岗、诚信友善,具有社会责任感、创新精神和实践能力的高素质劳动者和技术技能人才,成为中国特色社会主义事业合格建设者和可靠接班人。

●智育　智育是智能教育的简称,是全面发展教育的重要组成部分,教育者有目的、有计划、有组织地向学生传授系统的文化科学知识、技能和发展学生智力的教育。在职业院校,学生将系统全面地接受专业理论知识和技术技能训练,经过企业顶岗实习锻炼后成为一名合格的高素质、高技能劳动者。

●体育　体育是向受教育者传授健身的知识技能、增强体质,培养自觉锻炼身体习惯的教育。职业院校坚持树立健康第一的教育理念,开齐开足体育课,帮助学生在体育锻炼中享受乐趣、增强体质、健全人格、锤炼意志。职业院校有着丰富多彩的文体活动,学生可以根据自己的兴趣爱好参加体育锻炼,增强体质。

●美育　美育是培养学生的审美观,发展鉴赏美、创造美的能力,培养高尚情操和文明素质的教育。职业院校坚持以美育人、以文化人,开展各种艺术类课程和文化艺术节等艺术活动,提高学生审美和人文素养。

●劳育　劳育是培养学生劳动观念和劳动技能的教育。习近平总书记在全国教育大会上强调要在学生中弘扬劳动精神,教育引导学生崇尚劳动、尊重劳动,懂得劳动最光荣、劳动最崇高、劳动最伟大、劳动最美丽的道理,长大后能够辛勤劳动、诚实劳动、创造性劳动。劳动教育在职业院校已蔚然成风。

信息链接

　　　　社会主义核心价值观
　　　　富强、民主、文明、和谐
　　　　自由、平等、公正、法治
　　　　爱国、敬业、诚信、友善

　　富强即国富民强,是社会主义现代化国家经济建设的必然要求,是中华民族梦寐以求的美好夙愿,也是国家繁荣昌盛、人民幸福安康的物质基础。

民主是人类社会的美好诉求。我们追求的民主是人民民主,其实质和核心是人民当家做主。它是社会主义的生命,也是创造人民美好幸福生活的政治保证。

文明是社会进步的重要标志,也是社会主义现代化国家的重要特征。它是社会主义现代化国家文化建设的应有状态,是面向现代化、面向世界、面向未来的,民族的、科学的、大众的社会主义文化的概括,是实现中华民族伟大复兴的重要支撑。

和谐是中华传统文化的基本理念,集中体现了学有所教、劳有所得、病有所医、老有所养、住有所居的生态局面。它是社会主义现代化国家在社会建设领域的价值诉求,是经济社会稳定、持续健康发展的重要保证。

自由是指人的意志自由、存在和发展的自由,是人类社会的美好向往,也是马克思主义追求的社会价值目标。

平等指的是公民在法律面前的一律平等,其价值取向是不断实现实质平等。它要求尊重和保障人权,人人依法享有平等参与、平等发展的权利。

公正即社会公平和正义,它以人的解放、人的自由平等权利的获得为前提,是国家和社会应然的根本价值理念。它要求政治、法律上的公平公正,任何阶级和集团都不能享有特权。

法治是治国理政的基本方式。依法治国是社会主义民主政治的基本要求。它通过法制建设来维护和保障公民的根本利益,是实现自由平等、公平正义的制度保证。

爱国是一个公民起码的道德,是中华民族的优秀传统,也是调节个人与祖国关系的行为准则。它同社会主义紧密结合在一起,要求人们以振兴中华为己任,促进民族团结、维护祖国统一、自觉报效祖国。

敬业是对公民职业行为准则的价值评价,要求公民要具有积极向上的劳动态度和艰苦奋斗的精神,忠于职守、精益求精、服务社会,充分体现现代主义职业精神。

诚信即诚实守信,是人类社会千百年传承下来的道德传统,也是社会主义道德建设的重点内容,是为人之道、立身之本。它强调做人要诚实劳动、信守承诺、诚恳待人。

友善是人们和睦相处的一种道德行为,是人们之间应互相尊重、互相关心、互相帮助,努力形成社会主义的新型人际关系。

话题三 了解专业课程

各职业院校根据教育部有关教学指导性文件,按照地方经济发展的需求,结合学校的师资、实训设备等教学条件,开设了不同的专业。同学们对职业院校开设的专业一定很陌生,对如何选择专业也很困惑。下面就和同学们谈谈职业院校的专业设置与课程结构。

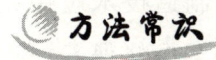

(一)职业院校的专业设置

●专业类别　教育部 2010 年修订的《中等职业学校专业目录(2010)》中将中等职业学校的专业列出了 19 个大类;教育部 2015 年修订的《普通高等学校高等职业教育(专科)专业目录》中将高等职业学校的专业列为 19 大类。

表 1-4 中职学校与高职学校专业目录

中职学校专业目录		高职学校专业目录	
农林牧渔类	资源环境类	农林牧渔类	资源环境与安全类
能源与新能源类	土木水利类	能源动力与材料类	土木建筑类
加工制造类	石油化工类	水利类	装备制造类
轻纺食品类	交通运输类	生物与化工类	轻工纺织类
信息技术类	医药卫生类	食品药品与粮食类	交通运输类

续表

中职学校专业目录		高职学校专业目录	
休闲保健类	财经商贸类	电子信息类	医药卫生类
旅游服务类	文化艺术类	财经商贸类	旅游类
体育与健身类	教育类	文化艺术类	新闻传播类
司法服务类	公共管理与服务类	教育与体育类	公安与司法类
其他		公共管理与服务类	

●**专业设置** 在每个专业大类中又分了若干个具体的专业,例如:加工制造类专业大类中有33个专业。2019年,教育部组织开展了《中等职业学校专业目录(2010)》修订工作,研究确定增补46个新专业:家庭农场生产经营、农产品质量检测与管理、森林消防、航空摄影测量、宝玉石鉴定与检测、安全技术管理、应急管理与减灾技术、光伏工程技术与应用、水利工程运行与管理、水电站运行与管理、机电排灌工程技术、现代灌溉技术、农村饮水供水工程技术、水土保持技术、增材制造技术应用、工业机器人技术应用、新能源汽车装调与检修、电梯安装与维修保养、酿酒工艺与技术、食品安全与检测技术、邮轮乘务、机场场务技术与管理、无人机操控与维护、新能源汽车维修、快递运营管理、物联网技术应用、网络信息安全、移动应用技术与服务、服务机器人装调与维护、生物药物检验、康复辅助器具技术及应用、跨境电子商务、移动商务、网络营销、商务阿拉伯语、商务泰语、冷链物流服务与管理、国际货运代理、康养休闲旅游服务、中西面点、茶艺与茶营销、舞台艺术设计与制作、服装陈列与展示设计、幼儿保育、社会工作、智能养老服务。

(二)职业院校的课程结构

职业院校课程设置分为公共基础课程和专业技能课程(实习实训课程)。

●**公共基础课程** 包括德育课、文化课、体育与健康课、艺术课及其他选修公共课程。其任务是引导学生树立正确的世界观、人生观和价值观,提高学生思想政治素质、职业道德水平和科学文化素养;注重学生能力的培养,加强与学生生活、专业和社会实践的紧密联系。为专业知识的学习和职业技能的培养奠定基础,满足学生职业生涯发展的需要,促进终身学习。

●专业技能课程　专业技能课程的任务是培养学生掌握必要的专业知识和比较熟练的职业技能,提高学生就业、创业能力和适应职业变化的能力。按照相应职业岗位(群)的能力要求,采用基础平台加专门化方向的课程结构。

●实习实训课程　实习实训课程是专业技能课程教学的重要内容,是培养学生良好的职业道德,强化学生实践能力和职业技能,提高综合职业能力的重要环节。实习实训课程目前提倡大力推行工学结合、校企合作、顶岗实习的模式。

(三)如何选择专业

●认识学校开设的专业　同学们可以登录招生学校的网站,认真阅读招生简章,观看职业院校的宣传片,也可到职业院校现场咨询,了解学校开设哪些专业、各专业的主干课程、培养目标、就业方向和就业前景。

●了解专业的设置　职业院校的专业主要是按照职业分工与职业岗位群对专门人才的要求而设置的。任何一个专业,都是要经过前期市场调研、论证,充分利用学校师资、设备等教学资源的优势,结合市场需求,综合考虑地方经济发展对人才的需求,报上级教育主管部门审批备案的。

●选择自己热爱的专业　在进行专业选择时,要进行自我分析,包括兴趣爱好、性格倾向、健康状况、性别差异等,要知道自己喜欢什么、现在想做什么、将来打算做什么。不同的人有不同的兴趣,选择自己热爱的专业,才能主动探究,才能学得快、学得好。同时,要结合自己的性格和身体状况综合考虑,切忌看其他同学选什么专业你也选什么专业。建议同学们找一位职业院校的老师,向他详细说明自己的情况、想法、志向等,参考老师的建议,选定专业,明确目标。

● 做好职业生涯规划 职业生涯规划是指在对自己职业生涯的主客观条件进行测定、分析、总结研究的基础上,对自己的兴趣、爱好、能力、特长、经历及不足等各方面进行的综合分析、权衡与职业发展的规划。同学们要从认识自我、人生目标、个人能力等方面来规划人生的发展方向。

● 知道未来的就业资源 同学们选择专业时应知道自己具有哪些就业资源和社会关系(个人、学校、家庭、社会等),这也是专业选择的重要参考依据。这些关系将为你搭建方便的就业平台。若有家族企业,则可以考虑选择与家庭成员所学的相同或相近的专业。

● 知晓经济发展对人才的需求 经济繁荣发展需要大量的技术技能型人才,这就给职业院校的毕业生提供了广阔的就业前景。由于自然资源的不同、区位优势的差异、经济发展速度有快有慢,各地需求人才的类型也不一样,所以,学校开设专业时会考虑这些因素,个人的专业选择也不能忽视这些因素。需求量大的专业人才,就业会更有保障,工资待遇也相对较好。

(四)职业院校的教育教学模式

● 职业院校的办学方向 职业院校的办学方向是"坚持以立德树人为根本,以服务发展为宗旨,以促进就业为导向"。《国家中长期教育改革和发展规划纲要》明确指出:坚持以人为本、全面实施素质教育,坚持德育为先、立德树人。职业院校把社会主义核心价值体系融入教育全过程,引导学生形成正确的世界观、人生观、价值观,把促进学生健康成长作为学校一切工作的出发点和落脚点。

职业教育为社会服务能力的高低直接关系职业教育的生存与发展。以服务为宗旨,一是职业教育服务于经济社会的发展,二是为促进就业服务,就业是职业院校的主要价值取向,主要包括在相关行业的订单就业,在人才、劳务市场的选择就业,根据社会需求、工作状况和自己能力的转岗就业和自主创业等。

职业院校同时也兼顾为一些学有余力的学生提供一个继续深造的机

会,逐步满足人们日益增长的、接受多样化职业教育的需求。让职校生真正享受、选择适宜有效的职业教育产品。

●职业院校的人才培养模式　职业院校的人才培养模式主要是"工学结合""校企合作""顶岗实习"。

1."工学结合"　"工学结合"的"工"即工作,指学生在企业实践,或作为企业员工的一员进行实习,在工作中培养职业素质和提高技能;"学"即学习,指学生在学校和企业进行基础知识、专业知识、技术技能的学习以及人文素质培养。

2."校企合作"　以培养学生的全面素质、综合能力和就业竞争力为重点,运用职业院校和企业两种不同的教育环境和教学资源,通过学习教学和学生实际岗位工作的有机结合,培养职业岗位适用的技术技能型人才。

3."顶岗实习"　是"校企合作""工学结合"的综合和检验。不同于在校的实习实训,顶岗实习需要完全履行其工作岗位的全部职责。顶岗实习一般安排在学生在校学习的最后一年或半年。"顶岗实习"是通过其工作岗位的真实性、工作环境的复杂性、工作经历与体验的综合性增强学生就业和创业能力。

●职业院校的教学模式与教学方法　职业教育是以培养满足社会生产、管理、服务第一线对中高级技术技能型人才和高素质劳动者需要为目标。因此,其教学模式与普通教育也有明显的差异。职业教育长期以来形成了多种比较重要的教学模式,主要有以下几种:

1."教学做合一"教学模式　这种教学模式源自中国教育家陶行知的教学理论,视"教学做"为一体。其核心是:"教的法子根据学的法子,学的法子根据做的法子。事怎样做就怎样学,怎样学就怎样教。教与学都以做为中心。在做上教的是先生,在做上学的是学生。""教学做"是一件事,不是三件事,是一件事的三个方面。

2."产教结合"教学模式　"产教结合"教学模式是学校与企业双方合作,共同完成教育工作,培养合格人才的一种职业教育形式。如德国的"双元制""现代学徒制",学生三分之二的时间在企业学习,三分之一的时间在学校学习;美国的"合作制",学生在企业和学校学习的时间各占一半。

3."理论实践一体化"教学模式 "理论实践一体化"教学模式是指在特定的技术实训中心,通过师生双方边教、边学、边做,完成某一教学目标和教学任务。实训中心使教学更接近企业技术发展的水平,并与企业实际技术同步滚动;以先进的生产设备和教学设备,融理论教学、实践教学、技术服务与生产为一体,营造浓郁的职业氛围,达到能力与素质同步培养的目的。

职业院校重视直观性教学、实验实习教学和现场教学环节。教学多采用分层次教学法、直观教学法、情景教学法、案例教学法、项目教学法、讨论式教学法、模块教学法、任务引领教学法等,贯彻"在做中教,做中学"的理念,突出以学生为中心,加强培养学生的动手能力,以提高学生的就业竞争力。

同时,职业院校也会充分利用学校数字化教学平台,共享教育部数字化教学资源库,运用信息化教学手段,进行仿真教学,增强教学效果。

信息链接

中等职业学校学生学籍管理办法(节选)

第三章 学习形式与修业年限

第十二条 学校实施全日制学历教育,主要招收初中毕业生或具有同等学力者,基本学制以3年为主;招收普通高中毕业生或同等学力者,基本学制以1年为主。

第五章 成绩考核

第二十一条 学生应当按照学校规定参加教学活动。

第二十二条 学校按照国家或行业有关标准和要求组织考试、考查。

第二十五条 考试、考查和学生思想品德评价结果,学校应当及时记入学生学籍档案。

第六章　工学交替与顶岗实习

第二十六条　学校应当按照法律、法规和国家教育行政部门文件规定组织学生顶岗实习。

第二十七条　学生顶岗实习和工学交替阶段结束后,应当由企业和学校共同完成学生实习鉴定。学校应当将学生实习单位、岗位、鉴定结果等情况记入学籍档案。

第七章　奖励与处分

第二十九条　学生在德、智、体、美等方面表现突出,应当予以表彰和奖励。

学生奖励分为国家、省、市、县、校等层次,奖项包括单项奖和综合奖。

第三十条　学校对于有不良行为的学生,可以视其情节和态度分别给予警告、严重警告、记过、留校察看、开除学籍等处分。

第八章　毕业与结业

第三十三条　学生达到以下要求,准予毕业。

1.思想品德评价合格。

2.修满教学计划规定的全部课程且成绩合格,或修满规定学分。

3.顶岗实习或工学交替实习鉴定合格。

第三十六条　对于在规定的学习年限内,考核成绩(含实习)仍有不及格且未达到留级规定,或思想品德评价不合格者,发给结业证书。

话题四　参加社团历练

职业院校有各种各样的社团,通过社团活动,把有共同爱好和兴趣的同学组织在一起交流,共同探讨,研究共同感兴趣的内容,满足拥有各种兴趣爱好的学生,在社团中实现他们的愿望。积极参加各种各样的活动可丰富同学们的课余生活,锻炼组织能力、沟通能力、适应能力等,有利于同学们发现自身优势和特长,找到自信。参加社团也是踏入社会前的必要准备。

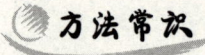
方法常识

(一)选择社团

几乎每所学校都有学生社团,如何选择社团,有很多理由,例如:很好玩,很有趣;我是学汽修的,但又喜欢写文章,所以参加文学社;我是电子信息专业的,参加电子协会对提高专业知识水平有帮助;我为了减肥健身,想学跆拳道;打球可以长高;街舞很时髦;参加演讲协会,可练练口才,提高交际能力等。每个理由都可以回答你如何选择社团。那么参加社团应该注意哪些问题呢?

●协调好学习与社团间的关系　无论如何,学习才是我们的首要任务,绝不能因为社团活动和工作而耽误学习。

●明确社团的性质和要求　自己的特长和兴趣与社团的活动吻合,才能充分施展才华,得以锻炼提高。

●衡量自己的能力　参加社团要务实,不能盲目跟风,否则,参加社团后力不从心、进退两难、身心疲惫,这样就得不偿失了。

●端正自己的态度　不能认为社团就是组织大家在一起玩,开展活动时,想去就去,不想去就不去。社团成员要有主人翁意识,要遵守社团的章程,要为社团发展尽一份责任和义务。

(二)加入学生会

学生会是在学校领导下,学生处(德育处)、团委指导下的自我管理、自我教育、自我服务的群众性组织,是学校学生管理工作中的重要力量,在学校各方面工作中发挥着重要的作用,对良好校风、学风的形成产生着重要影响。

学生会就像一个小社会,主角是大大小小的学生干部,在这里可以锻炼同学们的领导能力、组织能力、交际能力、处事能力、管理能力等,是同学们走入社会之前的一个演习平台。同学们可以综合考虑自己的志向、特长、兴趣、能力等,申请进入学生会工作,使自己的能力得到锻炼和提高。

● 入会思想准备

1. 服务意识　做学生会工作就是为学校和同学们服务。要做好服务,就得投入大量的精力、时间,就得牺牲自己的学习和休息时间,作为学生会干部要有"乐于奉献,甘为人梯"的精神。

2. 正确定位　在学生会工作,不仅仅是一个参与者,更是一个管理者。因此,在参加学生会工作时,要明白自己适合做什么、有什么特长、有什么能力,并选择合适的岗位和角色。例如:学生会主席掌控、调度全局的能力就显得重要;如果是某一部门的负责人,那么既要熟悉所属部门的工作和本部门成员的情况,建设好自己的部门,又要与平行部门协调好关系,并与之通力合作。

3. 量力而为　做学生会工作,要衡量自己是否学有余力。对于学生,学习是中心。若本身学习就很吃力,则不适宜参加学生会工作。学习好是作为一个合格学生的重要标准之一,作为学生会干部本身学习成绩差,难以服众,就得不到同学的支持,也很难做好工作。

4. 应对困难　学生会工作繁杂,工作和学习往往冲突,面对众多的同学"众口难调",可能会经常受到指责、批评,甚至讽刺、挖苦,有时自己的主张和想法得不到学校或老师的支持,容易灰心丧气。处理好这些问题,需要勇气、智慧、耐心和奉献精神。

● 怎样加入学生会

1. 做好准备　通常在学校军训及入学教育结束后,学校学生会就会在公告栏上面贴公告,进行招新宣传,有意向的同学可以按宣传的时间、地点去进行报名登记。

2. 积极报名　报名前,可以咨询自己认识的在学生会工作的学长、学姐,了解流程等。

3. 认真面试　报名之后,就等待开始进行第一次的面试,面试主要以自我介绍为主,一般在教室进行。

4. 积极主动　通过第一轮面试之后，就需要经常到学生会的办公室，看看有什么需要帮忙的，表现积极一些。要让负责指导学生会的老师认可你。

信息链接

学校社团类别

职业院校社团是经过学校批准，打破年级、专业界限，由学生根据兴趣、爱好、特长等，在自愿基础上组织起来的群众性团体，在保证学生完成学习任务和不影响学校正常教学秩序的前提下开展各种活动。学生社团是学生自我管理、自我教育的重要组织形式之一，是学生培养兴趣爱好、扩大知识领域、增加交友范围、丰富内心世界、陶冶思想情操、展示才华智慧的重要方式和广阔舞台。

根据学校社团的内容和功能，大致可分为四类：

1. 社会科学类：如心理健康协会、创业协会、英语社、军事爱好者协会等。

2. 文艺体育类：如文学社、书画社、话剧社、乒羽社、轮滑社、跆拳道社、吉他协会、摄影协会、魔术协会、动漫俱乐部、篮球俱乐部、足球俱乐部、合唱团、乐队、舞蹈队等。

3. 科学技术类：如创新协会、软件协会、电子协会、天文协会等。

4. 志愿者服务类：如青年志愿者协会、环保协会、爱心社、手语协会等。

（三）参加党团活动

《中等职业学校德育大纲（2014年修订）》指出："学校要加强党组织、共青团工作，举办业余党校、团校，组织学生特别是入党、入团积极分子学习党的基本理论和基本知识以及团的基本知识，发展符合条件的优秀学生入党、入团。"因此，职业院校入党积极分子培养也成为学校教育的重点内容之一。

●参加党团课学习　目前，多数职业院校都建立了自己的党校和团校，应积极参加学校组织的入党、入团积极分子党课、团课或短训班的学习,系统地了解党员、团员条件,党性修养,如何争取入党、入团等基本知识。

● 参加党团员教育活动　可申请参加党团组织组织的活动,如:参观革命纪念地,以及学习优秀党员先进事迹等。

● 参加社会活动　有意识地参加入党、入团积极分子的社会工作,使自己在实际工作中锻炼社会活动能力,提高政治觉悟,接受组织考验。

(四)坚决反对和抵制邪教

邪教是破坏人类文明进步的毒瘤,它残害生命,践踏人权,危害社会,已成为一种国际公害。据有关资料不完全统计,全世界邪教组织有近万个。他们编造歪理邪说,制造恐怖气氛;神化活的教主,实施精神控制;玩弄各种骗术,大肆聚资敛财;目无道德法律,破坏社会安定;泯灭亲情人性,残害他人生命。他们活动猖獗,制造了一系列震惊世界的事件,对社会构成严重危害。

● 提高警惕　认清邪教组织本质。严格遵守国家法律、法规和社会公德、职业道德、家庭美德,讲科学,讲文明,树新风,积极参加健康文明的文体活动,自觉抵制邪教的侵蚀。当收到邪教宣传内容的手机短信、电子邮件时,要立即删除;当接到宣传邪教的骚扰电话时,要直接挂断。

● 态度坚决　对邪教组织的反动宣传要做到不听、不看、不信、不传。如有人向你宣传"法轮功"等内容,或向你传递邪教组织的宣传品(光盘、书籍、印刷品等),要在第一时间报警,协助公安机关制止其行为。当发现有喷涂邪教内容标语、悬挂邪教内容的横幅时,也要及时向公安机关报告。

● 敢于斗争　当发现家人、亲戚、朋友参与邪教活动时,要坚决反对,耐心说服教育和正确引导。积极配合公安机关和有关部门,打击邪教组织的违法犯罪活动,如发现邪教分子在非法串联、秘密聚会、聚众闹事,印刷、偷运、散发、邮寄反动宣传品,书写、喷涂、悬挂、张贴邪教内容的反动标语等,要立即报告当地政府有关部门或拨打110报警。

> **信息链接**

邪教与宗教的区别

邪教不是宗教。在宗教中,神、人是有区别的,再有权威、再德高望重的神职人员(僧侣、主教、牧师、道士等)也不得自称为神,而邪教主却都自称为神。

宗教的传教活动是公开的、人所常见的,而邪教总是秘密结社,活动诡秘不可告人。

宗教并不反社会、反人类,而邪教反社会、反人类的性质十分明显。

宗教不允许神职人员个人骗财敛财,邪教组织往往大肆掠夺别人,聚敛钱财占为己有。

宗教有自己的典籍,有自己的教义,而邪教所谓"教义"往往是危言耸听或信口开河,是痴迷妄言的杂糅。

拓展训练

说说你的学校

拓展目标:

1. 让学生进一步了解自己学校的情况。
2. 培养学生与他人合作交流的能力。

拓展方法:

学生通过观察、上网、到学校图书馆查找资料后,进行讨论、交流。

拓展过程:

将班级学生分成若干小组,教师布置任务:

1. 你能够准确说出学校的地理位置吗?
2. 你知道学校创办的时间和发展历程吗?

3. 你知道学校获得过哪些荣誉吗?
4. 学校有几种学制?将来能取得哪些技能等级证书?
5. 目前学校有多少系部或专业?
6. 你对学校的校舍布局、建筑风格、校园环境有什么印象?
7. 学校的校训、校风、教风、学风是什么?
8. 你了解学校的办学特色吗?

第二讲 军训与国防

我国现行的《中华人民共和国兵役法》明确规定:"普通高等学校的学生在就学期间,必须接受基本军事训练。"军事训练,是中高职新生入学教育的第一课,也是进行国防教育的一种基本途径,既是学生的权利,也是义务。军训是全面推进素质教育,培养国防后备力量的重要战略举措。

导读感悟

通过严格的军事训练,掌握基本军事知识和技能,可以增强同学们的国防观念和国家安全意识,强化爱国主义、集体主义和革命英雄主义观念。

典型案例

我在职业院校军训感觉特别累,但也别有一番收获。这种收获使人刻骨铭心。

在烈日酷暑下的暴晒,皮肤变得黑黝黝,每天的军姿站立,我觉得时间已不再是时间,纵然两腿发酸却换得一身挺直。每次的坚持都会让我有超越自己的感受。军训磨炼了我的意志。

训练的每一个动作,都让我深深地体会到了团结的力量、合作的力量。我相信,它将使我终身受益。

其实在自己的人生路上,也应印出一条自己脚步走出的道路,即使这条路布满了荆棘,每一步都有艰难的泥泞、困苦的坎坷,也得由自己去踩、去踏、去摸索、去前进。

话题一 明确军训要求

队列练习是军训重头戏,主要包括:站军姿、立正、稍息、停止间转法、行进、立定、蹲下、起立、整齐报数、敬礼、礼毕等。

方法常识

●站军姿 两脚跟并拢,两脚尖分开约60度,两腿挺直,膝盖微向后压,上体保持正直,两肩微向后张,两臂自然下垂,两手微弯,拇指贴于食指第二关节处,中指贴于裤缝线,头要正,颈要直,两眼目视前方,下颌微收。

●立正 立正是军人的基本姿势,两脚跟靠拢并齐,两脚尖向外分开约60度,两腿挺直,小腹微收,自然挺胸,上体正直,微向前倾,两肩要平,微向后张,两臂自然下垂,手指并屈自然微屈,拇指尖贴于食指的第二节,中指贴于裤缝,头要正,颈要直,口要闭,下颌微收,两眼向前平视。

●稍息 左脚顺脚尖方向伸出约全脚的三分之二,两腿自然伸直,上体保持立正姿势,身体重心大部分落于右脚。

●停止间转 向右(左)转,以右(左)脚跟为轴,右(左)脚跟和左(右)脚掌前部同时用力,使身体和脚一致向右(左)转90度,体重落于右(左)脚,左(右)脚取捷径迅速靠拢右(左)脚,成立正姿势。当转动和靠脚时,两腿挺直,上身保持立正姿势;半面向右(左)转,按向右(左)转的要领转45度;向后转,按向右转的要领向后转180度。

●行进 行进基本步法分为齐步、正步和跑步,辅助步法分为便步、踏步等。

1.齐步 齐步走时,左脚向正前方迈出约75厘米着地,身体重心前移,上体正直,微向前倾;手指轻轻握拢,拇指贴于食指第二节;两臂向后自然摆动,向前摆臂时,肘部弯曲,小臂自然向里合,手心向内稍向下,拇指根部对正衣扣线,并与最下方衣扣同高,离身体约25厘米;向后摆臂时,手臂自然伸直,手腕向前侧距裤缝线约30厘米。

2.正步 正步主要用于分列式和其他礼节性场合,左脚向正前方踢出约75厘米,适当用力使全掌着地,同时身体重心前移,右脚照此动作;上体正直,微向前倾;手指轻轻握拢,拇指贴于食指第二节;向前摆臂时肘部弯曲,小臂略成水平,手心向内稍向下,手腕下沿摆到高于最下方衣扣约10厘米处,离身体约10厘米;向后摆臂时(左手心向右,右手心向左),手腕前侧距裤缝线约30厘米。

3.跑步 两手迅速握拳,提到腰际,约于腰带同高,拳心向内,肘部稍向里合。上体微向前倾,两腿微弯,同时左脚利用右脚掌的蹬力跃出约85厘米,前脚掌先着地,身体重心前移,右脚照此动作;两臂前后自然摆动,大臂略直,肘部贴于腰际,小臂略平,稍向里合,两拳内侧各距衣扣约5厘米;向后摆臂时,拳贴于腰际。

4.便步　便步用于行军、操练后恢复体力及其他场合,用适当的步伐、步幅行进,两臂自然摆动,上体保持良好姿态。

5.踏步　两脚在原地上下起落(抬起时,脚尖自然下垂,离地面约15厘米;落下时,前脚掌先着地),上体保持正直,两臂按齐步走或跑步摆臂的要领摆动。

● 立定　齐步和正步时,听到立定口令,左脚再向前大半步着地,两脚挺直,右脚取捷径迅速靠拢左脚,成立正姿势。跑步时,听到口令,再跑2步,然后左脚向前大半步(两拳收于腰际,停止摆动)着地,右脚靠拢左脚,同时将手放下,成立正姿势。踏步时,听到口令,左脚踏一步,右脚靠拢左脚,原地成立正姿势。

● 坐下、蹲下、起立　坐下左小腿在右小腿后交叉,迅速坐下,两手自然放在两膝上,上体保持正直;蹲下,右脚后退半步,臀部坐在右脚跟上(膝盖不着地),两手自然放在两膝上,上体保持正直。蹲下过久,可自行换脚;起立,全身协力迅速起立,成立正姿势。

● 集合　集合是按规范队形聚集起来的一种队列动作。集合时,所属人员听到预告或信号,原地面向指挥员成立正姿势。听到口令,跑到指定位置面向指挥员集合(在指挥员后侧的人员,应从指挥员右侧绕过),自行看齐,成立正姿势。

● 解散　队列人员迅速离开原列队位置。

● 整齐、报数　整齐是使列队人员按规定的间隔、距离,保持行、列整齐的一种队列动作。整齐分为向右(左)看齐,基准同学不动,其他同学向右(左)转头,眼睛看右(左)。

● 出列、入列　出列同学听到呼点姓名或序号"出列"的口令后,应答"有",然后走到指挥员右侧前适当位置或指定位置,面向指挥员成立正姿势;听到"入列"口令后,应答"是",然后按出列的相反程序入列。

● 敬礼、礼毕　敬礼,上体正直,右手取捷径迅速抬起,五指并拢自然伸直,中指微接帽檐右角前约2厘米处,手腕不得弯曲,右大臂略平,与两肩保持同一线,同时注视受礼者;注目礼,面向受礼者成立正姿势,同时注视受礼者,并且迎目送。礼毕,行举手礼者,将手放下;行注目礼者,徒手、停手间,应面向受礼者立正,举手敬礼,将头转正。

话题二　做好军训准备

军训是很苦很累的,它不仅仅是对学生身体的考验,更多的是对学生意志的磨炼,它给学生提供了战胜自我、锻炼意志的良机。同时,同学们在军训时也要注意保护好自己的身体。

方法常识

●装束合适　衣服尽量穿得宽松点,多准备几件吸汗性好的棉质背心替换。腰带要适当系紧一点,走起路来会更有精神劲儿。军训时,鞋子一定要合脚,不然队列行走时脚容易起血泡。如果不是一定要穿军鞋,则最好买双透气吸汗的鞋。袜子最好选择棉质运动袜,鞋子里面再垫一双软鞋垫,这样脚会舒服一点。

●注意喝水　军训流汗多,这会导致经常口渴,如果喝水少,那么体内水分会不足,所以,要多喝水。可买个大的密封的水壶备用,随时喝水,不要等训练完才喝水。喝的水以运动饮料、茶水、淡盐水为佳。

●保证营养　晚饭要节制,早饭和午饭一定要吃饱,且尽量不吃太咸或太辣的刺激性食物。军训体力消耗极大,要多吃一些肉类、蛋类,同时注意补充水果和蔬菜。

●防暑防病　军训时,可准备一些常用药品,如防止蚊虫叮咬的药品、防暑药等。还可准备一些红霉素之类的消炎药,皮肤浸过汗水很脆弱容易导致破皮。为防止紫外线的过多照射,还可准备一些防晒霜。

军训中虽然要讲"坚持再坚持",但体质较差的同学如果实在坚持不下去,则一定要休息,不要硬撑,防止出现意外。如果感觉头晕、眼花,切忌硬挺着。正确的办法是立即喊报告或拽一下同学的衣角,原地坐下,待眩晕过后再到阴凉地休息一会儿。

●注意卫生 军训阶段一定要注意个人卫生。一天下来,衣服大多汗湿了,所以衣服要勤洗勤换,每天洗澡,保持干净卫生。

话题三 防止军训意外

军训一般在比较热的月份举行,这些月份本身就是很多疾病的高发时段,再加之军训期间巨大的运动消耗,同学们就容易出现运动性损伤或季节性疾病。

方法常识

●中暑 在军训过程中长时间高温日晒的湿热影响下,人体会产生热量积蓄,使体温调节发生障碍,甚至发生中暑。处理时,应立即到通风的阴凉处仰卧休息,同时解开衣服放热,服用人丹或藿香正气水等解暑药物。情况较重时,应用冷水毛巾敷在病者的头部、胸部等位置,也可以同时用冷水毛巾擦拭病者四肢,直到皮肤发红为止。严重的,应立即送医院救治。

●抽筋　先把抽筋同学的小腿放平,拉住脚掌把筋拉直到不再抽筋。少数严重一点的痉挛,可以按摩拉伸一些部位来缓解,如小腿后群肌肉痉挛,应该伸直膝关节,并向上用力勾脚尖,以缓解痉挛。

●外伤　军训时常见的外伤有扭伤、皮肤擦伤和崴脚等。一旦崴脚,切忌按摩和热敷,应该立即用干净凉水冲洗15分钟后去医院就诊。扭伤不是很严重的可以擦红花油、白花油之类的外用药。擦伤需要休息,严重的需要到医院清洗包扎。

●痱子　炎热的天气和严格的军训使同学流了大量的汗液,一旦汗液无法及时蒸发,就很容易生痱子。处理时,可用温水洗浴后擦干,然后用痱子粉或炉甘石洗剂或黄连扑粉搽抹在患处。如果痱子区域比较大或者症状偏重出现感染,则应该到医院配用合适的药剂。

●腹泻　军训时引起腹泻的原因有很多,有的是因为吃了被细菌感染的食物,有的是因为饮食习惯改变引起了肠胃不适,还有的可能是喝了生水或过凉的饮料。如果恶心、腹泻症状不严重,则可以多喝一些淡盐水(盐水的比例是1杯水+1/4匙盐)。如果情况严重,则一定要及时看医生。

●昏厥　在军训时,产生昏厥的原因有很多,一般发生得非常突然,倒地后不省人事。处理时,应马上帮助病人平卧,抬高下肢,并解开其衣物,保证周围空气得到流通,然后捏掐人中穴,可使其加快苏醒。如果用以上的方法效果甚微,则应立即送往医院救治。

●脚板起泡　穿鞋不合适,或是鞋里进了沙子,脚底就容易起泡。可以用酒精消毒,用针扎两个孔(一个孔存在水泡液流出不彻底的缺陷),把水挤出。如果溃疡面不大则可以让它自然恢复,如果溃疡面大就需要纱布包扎。

●感冒　感冒分上呼吸道感染和急性鼻炎、咽喉炎。感冒后,对于一般的打喷嚏、鼻塞等症状不用药物,靠自身的免疫力就可以恢复。如果喉咙发炎则服用银翘片、速效伤风胶囊。如果发烧则应该尽早去看医生。

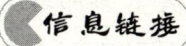

军训与国防建设

国防,即国家的防务,是指国家为防备和抵抗侵略,制止武装颠覆,保卫国家主权统一、领土完整和安全所进行的军事及与军事有关的政治、经济、外交、科技、教育等方面的活动。国防是国家生存与发展的安全保障。国防是否巩固,事关国家和民族兴亡。

国防建设是指国家为提高国防能力而进行的各方面的建设,主要包括:武装力量的建设;边防、海防、空防、人防及战场建设;国防科技与国防工业建设;国防法规与动员体制建设;国防教育以及与国防相关的交通运输、邮电、能源、水利、气象、航天等方面的建设等。新中国成立后,经过半个多世纪的艰苦努力,国防建设取得了举世瞩目的成就。

国防后备力量是国家经过动员所有可以直接参加和支援战争的人力,包括民兵、预备役部队、服预备役人员以及参加军训的学生,它是国防力量的组成部分。只有建设强大的后备力量,才能保持强大的国防威慑力。

话题四　强化国防观念

国防教育的目的是增强全民的国防意识和国防精神,弘扬爱国主义精神,增强国防观念,掌握必要的国防知识和军事技能。

军训是职校生国防教育的主要实践,主要包括相应的军事技能训练和国防理论课教育两部分。

方法常识

●主动学习国防教育知识　积极参加学校开设的国防历史、解放军军史、国防武装力量、军事知识和常规武器知识等专题讲座。参加班级组织的学习《中共中央国务院中央军委关于加强新形势下国防教育工作的意见》《学生军事训练工作规定》《关于加强新形势下国防教育工作的意见》等主题班会活动。

●结合课程学习国防知识 如在历史课学习林则徐、戚继光、郑成功等爱国志士和我国近现代革命烈士与英雄模范人物的事迹;物理课联系相关内容学习核战知识;信息技术课拓展学习现代信息技术电子战、信息战知识;时政课结合时政热点,进行专题讨论。

●积极参加国防教育活动 积极参加学校组织的国防教育知识竞赛、读书活动、文艺演出、专题演讲和国防教育的板报或墙报活动。读红色经典图书,学唱军旅歌曲或爱国主义歌曲,观看军事题材的电影或电视剧。

●庄严面对升降国旗活动 旗手和护旗员要经过训练并按规定统一着装、统一步伐,参加升旗仪式的师生列队肃立,面向国旗行注目礼,整个过程要保持安静,奏唱国歌。升降旗时,经过现场的师生员工都应面对国旗,自觉肃立,待国旗升降完毕时,方可自由行动。

●瞻仰先烈遗迹 积极参加学校在清明节前后组织的祭扫革命烈士陵墓活动,自觉参观革命纪念馆、革命老区、革命遗址、烈士陵园、国防园和其他具有国防教育功能的博物馆、纪念馆等场所,瞻仰先烈遗迹,激发爱国情怀,增强国防意识。

信息链接

大学生应征入伍政策(节选)

●1. 国家鼓励大学生应征入伍服义务兵役,这里的"大学生"如何界定?

指根据国家有关规定批准设立、实施高等学历教育的全日制公办普通高等学校、民办普通高等学校和独立学院,按照国家招生规定录取的全日制普通本科、专科(含高职)、研究生、第二学士学位的应(往)

届毕业生、在校生和已被普通高校录取但未报到入学的学生。

征集的大学生以男性为主,女性大学生征集根据军队需要确定。

●2. 公民应征入伍需要满足哪些政治条件和基本身体条件?

征集服现役的公民必须热爱中国共产党,热爱社会主义祖国,热爱人民军队,遵纪守法,品德优良,决心为抵抗侵略、保卫祖国、保卫人民的和平劳动而英勇奋斗。征兵政治审查的内容包括:应征公民的年龄、户籍、职业、政治面貌、宗教信仰、文化程度、现实表现以及家庭主要成员和主要社会关系成员的政治情况等。

公民应征入伍要符合国防部颁布的《应征公民体格检查标准》和有关规定。其中,有几项基本条件:

身高:男性160cm以上,女性158cm以上。

体重:

男性:不超过标准体重的30%,不低于标准体重的15%。

女性:不超过标准体重的20%,不低于标准体重的15%。

标准体重=(身高-110)kg。

视力:大学生右眼裸眼视力不低于4.6,左眼裸眼视力不低于4.5。屈光不正,准分子激光手术后半年以上,无并发症,视力达到相应标准的,合格。

内科:乙型肝炎表面抗原呈阴性,等等。

●3. 应征入伍服义务兵役大学生的年龄是如何规定的?

男性普通高等学校在校生为年满18至22周岁,高职(专科)毕业生可放宽到23周岁,本科及以上学历毕业生可放宽到24周岁。

女性普通高等学校在校生为年满18到20周岁,应届毕业生放宽到22周岁。

●4. 高校毕业生应征入伍服义务兵役要经过哪些程序?

(1)网上报名预征:有应征意向的高校毕业生可在征兵开始之前登录"全国征兵网"(网址为http://www.gfbzb.gov.cn)进行报名,填写、打印《应届毕业生预征对象登记表》和《高校毕业生应征入伍学费补偿国家助学贷款代偿申请表》(以下分别简称《登记表》《申请表》),交所在高校征兵工作管理部门。

(2)初审、初检:毕业生离校前,在高校参加身体初检、政治初审,符合条件者确定为预征对象,高校协助兵役机关将《登记表》和《申请表》审核盖章发给毕业生本人,并完成网上信息确认。初审、初检工作最晚在7月15日前完成。

(3)实地应征:高校应届毕业生可在学校所在地应征入伍,也可在入学前户籍所在地应征入伍。

(4)组织高校应届毕业生在学校所在地征集的,结合初审、初检工作同步进行体格检查和政治审查,在毕业生离校前完成预定兵,9月初学校所在地县(市、区)人民政府征兵办公室为其办理批准入伍手续。政治审查以本人现实表现为主,由其就读学校所在地的县(市、区)公安部门负责,学校分管部门具体承办,原则上不再对其入学前和就读返乡期间的现实表现情况进行调查。

(5)在入学前户籍所在地应征入伍的,高校应届毕业生7月30日前将户籍迁回入学前户籍地,持《登记表》和《申请表》到当地县级兵役机关参加实地应征,经体格检查、政治审查合格的,9月初由当地县(市、区)人民政府征兵办公室办理批准入伍手续。

●5.大学生征集工作由哪个部门牵头负责?

高校所在地兵役机关会同有关部门进入高校开展征集工作,高校由学生管理部门或学校武装部门牵头负责,有意向参军入伍的大学生可向所在学校学工部(处)、就业中心、资助中心或武装部咨询有关政策。

●6.高校毕业生应征入伍服义务兵役享受哪些优惠政策?

高校毕业生应征入伍服义务兵役,除享有优先报名应征、优先体检政审、优先审批定兵、优先安排使用"四个优先"政策,家庭按规定享受军属待遇外,还享受优先选拔使用、学费补偿和国家助学贷款代偿、退役后考学升学优惠、就业服务等政策。

●8. 大学生应征入伍服兵役给予国家资助的内容是什么?

高等学校学生应征入伍服兵役国家资助,是指国家对应征入伍服兵役的高校学生,在入伍时对其在校期间缴纳的学费实行一次性补偿或获得的国家助学贷款(国家助学贷款包括校园地国家助学贷款和生源地信用助学贷款,下同)实行代偿;应征入伍服兵役前正在高等学校就读的学生(含按国家招生规定录取的高等学校新生),服役期间按国家有关规定保留学籍或入学资格、退役后自愿复学或入学的,国家实行学费减免。

●10. 高校学生应征入伍服兵役都可以享受国家资助政策吗?

在校期间已免除全部学费的学生,定向生、委培生和国防生,均不享受学费补偿和国家助学贷款代偿政策。

●12. 高校学生申请应征入伍服兵役国家资助的程序是什么?

(1)应征报名的高校学生登录全国征兵网,按要求在线填写、打印《高校学生应征入伍学费补偿国家助学贷款代偿申请表》(一式两份,以下简称《申请表》)并提交学校学生资助管理部门。在校期间获得国家助学贷款的学生,需同时提供《国家助学贷款借款合同》复印件和本人签字的一次性偿还贷款计划书。

(2)学校相关部门对《申请表》中学生的资助资格、标准、金额(如有生源地信用助学贷款,学校应联系贷款经办银行或贷款经办地县级学生资助管理机构确认贷款金额)等相关信息审核无误后,对《申请表》加盖公章,一份留存,一份返还学生。

(3)学生在征兵报名时将《申请表》交至入伍所在地县级人民政府征兵办公室(以下简称"县级征兵办")。学生通过征兵体检被批准入伍后,县级征兵办对《申请表》加盖公章并返还学生。

(4)学生将《申请表》原件和入伍通知书复印件,寄送至原就读高校学生资助管理部门。

●14. 高校毕业生入伍服义务兵役年限是多少?

我国现行的义务兵役制度服役年限是两年。

●15. 大学生士兵退役后享受哪些就学优惠政策？

(1)高职(专科)学生入伍经历可作为毕业实习经历。

(2)退役大学生士兵入学或复学后免修军事技能训练，直接获得学分。

(3)设立"退役大学生士兵"专项硕士研究生招生计划。根据实际需求，每年安排一定数量专项计划，专门面向退役大学生士兵招生。在全国研究生招生总规模内单列下达，不得挪用。

(4)将高校在校生(含高校新生)服兵役情况纳入推免生遴选指标体系。鼓励开展推荐优秀应届本科毕业生免试攻读研究生工作的高校在制定本校推免生遴选办法时，结合本校具体情况，将在校期间服兵役情况纳入推免生遴选指标体系。在部队荣立二等功及以上的退役人员，符合研究生报名条件的可免试(指初试)攻读硕士研究生。

(5)将考研加分范围扩大至高校在校生(含高校新生)。退役人员在继续实行普通高校应届毕业生退役后按规定享受加分政策的基础上，允许普通高校在校生(含高校新生)应征入伍服义务兵役退役，在完成本科学业后3年内参加全国硕士研究生招生考试，初试总分加10分，同等条件下优先录取。

(6)退役大学生士兵专升本实行招生计划单列。高职(专科)学生应征入伍服义务兵役退役，在完成高职学业后参加普通本科专升本考试，实行计划单列，录取比例在现行30%的基础上适度扩大，具体比例由各省份根据本地实际和报名情况确定。

(7)高校新生录取通知书中附寄应征入伍优惠政策。高校向新生寄送《录取通知书》时，附寄应征入伍宣传单，宣传单主要内容包括优惠政策概要、报名流程指南、学籍注册要求等。

(8)放宽退役大学生士兵复学转专业限制。大学生士兵退役后复学，经学校同意并履行相关程序后，可转入本校其他专业学习。

(9)具有高职(高专)学历的，退役后免试入读成人本科，或经过一定考核入读普通本科；荣立三等功以上奖励的，在完成高职(专科)学业后,免试入读普通本科。

(10)应征入伍的高校毕业生退役后报考政法干警招录培养体制改革试点招生时,教育考试笔试成绩总分加10分。

●18.高校应届毕业生退役后户档迁移有何优惠政策?

高校应届毕业生入伍服义务兵役退出现役后一年内,可视同当年的高校应届毕业生,凭用人单位录(聘)用手续,向原就读高校再次申请办理就业报到手续,户档随迁(直辖市按照有关规定执行)。

●19.什么是士官?与义务兵有什么区别?

我军现役士兵按兵役性质分为义务兵役制士兵和志愿兵役制士兵。义务兵役制士兵称为义务兵,志愿兵役制士兵称为士官。士官属于士兵军衔序列,但不同于义务兵役制士兵,是士兵中的骨干。义务兵实行供给制,发给津贴,士官实行工资制和定期增资制度。

●20.国家资助直接招收为士官的高等学校学生如何界定?

是指直接从非军事部门招收为部队士官的全日制普通本专科(含高职)、研究生、第二学士学位的应(往)届毕业生,以及成人高校的普通本专科(高职)应(往)届毕业生;纳入全国高等学校招生统一考试、直接招录或选拔补充为部队士官的定向生。

拓展训练

一、信任背摔

拓展目标:

培养敢于突破自我、承担责任、挑战自我的勇气和信心,建立换位思考的意识,增强同伴之间的相互信任,增强团队的凝聚力。

拓展方法:

同伴间相互测试。

拓展过程：

属于个人突破类项目。每位队员轮流站上一米五左右的高台上背摔下来，团队其他队员在其身后用双手接住倒下的队员。

二、鼓动人心

拓展目标：

培养团队统一步调，相互配合、协作的能力。体会每个人都可以成为控制团队节奏的人，学会不抱怨他人，专心做好自己的工作。感受团队合力对目标完成具有的重要性作用。

拓展方法：

同伴共同测试。

拓展过程：

一个鼓的鼓壁四周系上若干条红绳，团队每人抓住红绳的另一末端，一起使放在鼓面上的球连续跳动而不落下。

第三讲 行为与规范

行为规范是个人或社会群体在参与社会活动中所应遵循的规则、准则,包括行为规则、道德规范、行政规章、法律规定、团体章程等。行为规范是社会认可和人们普遍接受的具有一般约束力的行为标准。

导读感悟

我国著名教育家陶行知先生说:"播种行为,就收获习惯;播种习惯,就收获性格;播种性格,就收获命运。"我们唯有在本真和底线的坚守中使自己的行为方式和处事态度更加切合主流价值观,才能赢得老师、同学和家人的认可、认同。

典型案例

小王与小顾是某职业院校学生,小王读二年级,小顾读一年级。一天二人发生口角,小王顺手打了小顾一下,不当一回事就扬长而去。不想小顾人小气盛,当晚就约了几个小哥们找到小王宿舍,要给小王一点颜色看看,由于小王不在,就在外面砸门吵闹一阵。小王回去知道后,第二天连续三次找社会青年小魏帮忙,小魏自认为是小兄弟的头,欺侮小兄弟就是给他小魏难看,所以一口答应,当即叫了一个朋友,准备了一把长砍刀,到校门口等候,小顾周五放学刚走到校门,上去对准小顾就是一刀。小顾经抢救虽脱离危险,但颅骨骨折,构成九级伤残。小魏家境贫困,母亲体弱,小魏犯罪后其母举债请律师,到处奔走,劳累、忧郁成疾,在小魏被判刑后一病不起,撒手人寰。其父说:"这不争气的儿子一刀下去,活活夺去了他母亲的命,弄得我家破人亡。"小王是独生子,家庭要承担请律师、经济赔偿等难以承受的负担,在他进监狱的时候,大专的录取通知书也寄到了家中,他的犯罪断送了自己的学业、前途,也毁掉了家庭的幸福。小顾也是独生子,受害致残,今后一辈子怎么办,父母整日以泪洗面。小魏的一刀不止毁了小顾一人,而是一刀毁了三个家。

这个事例给我们以惨痛的教训,青春年华因为冲动有的受害致残,有的要在监狱里度过。这个成本也太高了。

经调查,小王和小顾在校期间,不遵守校纪校规,结交社会青年,养成了不良的行为习惯,所以不遵守行为规范对己对人对家庭对社会都是百害而无一利的。

我们正值花季年龄,以后的路还很长,千万不要因为一时的冲动而毁了自己的前程。

因此遵守行为规范,养成良好的行为习惯,是受益终生的。

话题一　塑造自己行为

一次,周恩来去北戴河,需要看世界地图和一些书籍。工作人员给北戴河文化馆打电话借书,接电话的小黄回答:"我们有规定,图书不外借,要看请自己来。"于是,周恩来便冒雨到图书馆借书。小黄一见是周总理,心里很懊悔,周总理却夸他做得对:"无论谁都要遵守制度。"

方法常识

（一）树立规则意识

买了一台新的电脑,就要安装程序;和同学打篮球,就要制定一个比赛规则。可以说,我们在社会中生活,任何场合都要遵守规则。规则意识是现代社会每个公民需具备的一种意识。习近平总书记指出,"注重培育人们的法律信仰、法治观念、规则意识,引导人们自觉履行法定义务、社会责任、家庭责任,营造全社会都讲法治、守法治的文化环境"。

有时候,矛盾、误会乃至风险,常源于对规则的漠视。有的人在公共场所高声喧哗,是没意识到"自己声音大会影响他人",稍加提醒还能改正;但也有人属于"明知故犯",规则于自己有利就遵守,规则妨碍了自己就破坏;更有甚者,认为守规则是笨拙、迂腐、怯懦,绕过规则得了便宜,就显得聪明、灵活、有本事。凡此种种,不仅容易引发矛盾、扰乱秩序,还会"摊薄"社会信任,带偏社会风气。无规矩不成方圆,这句尽人皆知的俗语,今天依然发人深省。

（二）职校生应遵守的行为规范

● **法律法规** 国有国法,家有家规。法律法规是指中华人民共和国

现行有效的法律、行政法规、司法解释、地方法规、地方规章、部门规章及其他规范性文件。在法律面前人人平等,只要你犯了法,就逃脱不了法律的制裁,只要你遵纪守法,就能得到法律的保护。作为新时代的职校生,我们要自觉遵守法律法规,拒绝校园欺凌及校园暴力,不打架斗殴,不以大欺小,不贪小便宜,不随便拿别人东西,不看不健康读物,自觉遵守和维护集体纪律。同时还要多学习一些法律知识,自觉抵制违法行为,不参与违法违规行为,进一步提高辨别是非的能力,用法律来保护自己的合法权利,努力学习各种科学文化知识,学会遵纪守法,学会做人的道理。

●社会公德 社会公德是全体公民在社会交往和公共生活中应该遵循的行为准则,也是公民应有的品德操守,对于维系社会公共生活和调整人与人之间的关系具有重要作用。《新时代公民道德建设实施纲要(征求意见稿)》提出:推动践行以文明礼貌、助人为乐、爱护公物、保护环境、遵纪守法为主要内容的社会公德,鼓励人们在社会上做一个好公民;推动践行以爱岗敬业、诚实守信、办事公道、热情服务、奉献社会为主要内容的职业道德,鼓励人们在工作中做一个好建设者;推动践行以尊老爱幼、男女平等、夫妻和睦、勤俭持家、邻里互助为主要内容的家庭美德,鼓励人们在家庭里做一个好成员;推动践行以爱国奉献、明礼遵规、勤劳善良、宽厚正直、自强自律为主要内容的个人品德,鼓励人们在日常生活中养成好品行。这些社会公德也是新时代职校生应该遵守的行为准则。

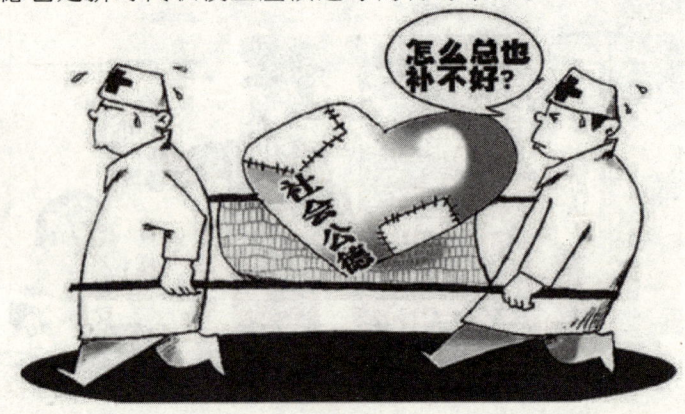

●校纪校规　校纪校规是实现教育教学目标的桥梁,学校把对学生最基本的政治素质、道德品质、日常行为等方面的要求,通过各个层面的校纪校规将其固定下来,并通过严格执行校纪校规建立一套行之有效的约束机制,以确保学校人才培养目标的实现。每一个学生都应该自觉遵守校纪校规,对照学校和班级的要求检查自己的行为,明确什么样的行为是正确的,什么样的行为是错误的。做好应该做的,不做不应该做的。

●职业院校学生行为准则　教育部于2016年9月1日公布了《中等职业学校学生公约》(以下简称公约)。公约针对中等职业学校学生的特点,提出了8个方面的基本要求,体现了以学生为主体、自我教育、自我管理的理念,对引导学生形成良好行为习惯,增强德育的针对性、实效性具有重要意义。高等职业院校学生也要遵守教育部2017年颁布的《普通高等学校学生管理规定》。

话题二　构建融洽的师生关系

老师和学生永远是校园里的主角,师生关系是校园最基本、最重要的人际关系。和谐融洽的师生关系在教学过程中发挥着特殊、奇妙的作用。它像一根彩带拉近了师生心灵的距离,助推学生愉快地学习和生活。

方法常识

(一)融洽师生关系的基本特征

●尊重与理解　相互尊重是师生关系走向融洽的基点。苏联教育家苏霍姆林斯基说过:师生之间是一种互相有好感、相互尊重的融洽关系,这将有利于教学任务的完成。这种尊重是相互的,一方面教师要尊重学生,另一方面学生必须要尊重教师。师生之间在相互尊重的基础上,还要相互沟通、相互理解、相互接纳。

●**互敬与互爱** 心理学研究表明,人在受到认可后,工作和学习效果最好,而且也更容易相处。每个人都希望得到他人的关注和欣赏,学生如此,教师也是如此,尤其是希望得到他所教学生的敬爱。爱是教育的灵魂,是教书育人的"源头活水"。教师爱学生是教师的职业道德和基本行为准则要求,同样教师也希望用他们的爱唤醒所教学生的爱。教师与学生之间互爱才能构建起和谐融洽的师生关系。

●**合作与共享** 《学记》中说:"学然后知不足,教然后知困。知不足然后能自反也,知困然后能自强。故曰教学相长也。"教学是教师和学生共同组成的活动,是教师的教和学生的学相互作用的过程。只有彼此相互合作,共同努力,才能保障教学活动的顺利进行。在教学中,教师和学生共同承担教学任务,共同完成教学目标,共同为教学效果负责,在共同的活动中,实现精神共享、成果共享。

●**感恩与持久** 感恩是中华民族的优良传统,也是每个中华儿女的优秀美德,同样是每个学生必备的素质。每个学生的成长、成才离不开老师的循循善诱和谆谆教诲。学生在与教师相处的过程中要懂得感恩,感谢老师对自己的付出,倍加珍惜与老师的感情和友谊。此外,融洽的师生关系不是暂时的,而是持久的、不间断的,不应仅仅存在于一节课、一个学期、一个学年中,也不会因为学生离开学校而宣告结束。

(二)尊师重道的基本要求

●**尊重教师** 尊重教师,就是要尊重教师的人格,不要有任何有损教师人格的言行,不要在背后议论教师的长与短。无论在校园里还是在校外,见到老师要礼貌打声招呼。尊重老师,更要尊重老师的劳动,上课认真听讲,积极参与教学活动,把老师留的作业按时保质保量地完成,以优异的成绩回报老师。

●**虚心学习** 师生关系主要是以教学活动为载体形成的。清华大学原校长梅贻琦说过,师生犹鱼,行动犹游泳,大鱼前导,小鱼尾随,从游既久,其濡染观摩之效,不求而至,不为而成。这样一种"从游"关系,使教学活动成为一个美妙的生命互动过程。由此可见,教学活动需要学生主动地参与,学生要虚心学习、好学习、善于学习。虚心学习不仅体现在课堂上,课外也应该充分利用有利的条件虚心向老师请教。

●理解宽容　教师的劳动是以个体方式呈现的,每个教师都有自己的个性、特点,有自己的专业特长。教师之间的学识水平和教学风格是存在差异的。在教育教学过程中,每个教师都有自己的风格,这些风格也许并不受你欢迎,或者根本就不适合你,要学会与老师沟通和交流,而不是妄加评论,甚至是随意指责。此外,教师也是多重角色的承担者,繁重的工作、家庭生活的压力等都同样存在,工作中难免会出现失误,同学们要给予必要的理解和宽容。有时候,也需要设身处地为老师考虑。

●主动沟通　进入职业院校学习后,除了课堂教学之外,教师和学生相处的机会少,师生之间实际交往时间也少了很多。再加上职业院校班级学生人数多,一个老师要同时面对很多学生,很难对每个学生都有较深的印象。同学们要主动走近教师,善于与教师沟通、交往,成为朋友。任何一个教师都不会拒绝与学生的正常交往。

话题三 做彬彬有礼的职校生

礼仪是在社会生活中约定俗成的,符合礼的要求,维护礼的精神,指导、协调人际关系的行为方式和活动形式。礼仪的表现形式有:礼节、礼貌、仪表、仪式等。了解基本的礼仪规范,有助于我们建立良好的人际关系,做文明的学生。

方法常识

(一)仪表礼仪

仪表是指人的外表,包括人的容貌、姿态、服饰等,是人的精神面貌的外在表现。在人际交往的最初阶段,仪表往往是最能引起注意的。职业院校对学生的仪表有相应的要求。

●发式 发式美是人的仪表美的一部分。头发整洁,发型大方会给人留下神清气爽的印象,披头散发则给人一种萎靡不振的感觉。职校生发式应该做到:男生不留长发,不剃光头,不染发、烫发,不理碎发,做到前不扫眉、旁不遮耳、后不过颈,不留怪异发型;女生理运动短发或扎马尾辫,前额刘海不过眉,不披头散发、烫发、染发,不理碎发,不梳怪发型。

●面容 面容是人的仪表之首,也是最为动人之处。职校生面容的基本要求是:勤洗脸,洁净卫生,自然美化,女生不涂脂抹粉,不画眉毛,不画眼影,不涂口红。

●手部 手被称作"人的第二张脸",手部美和人体其他的部位一样,不可忽视。为此,要注意保持手部清洁,养成勤洗手、勤剪指甲的良好习惯。

●服饰 职校生着装的基本要求是:整齐、清洁、大方、得体。为了让你的着装更出彩,请注意以下基本原则:一是 TPO 原则。即着装要与时间(Time)、地点(Place)、场合(Occasion)相适应。二是三色原则。全身上下的衣着,应当保持在三种色彩之内。三是合乎规范原则。职校生在校园的着装一定要合乎学校的要求,如进入实训室必须按规定穿着工作服,遵守安全保护要求等。

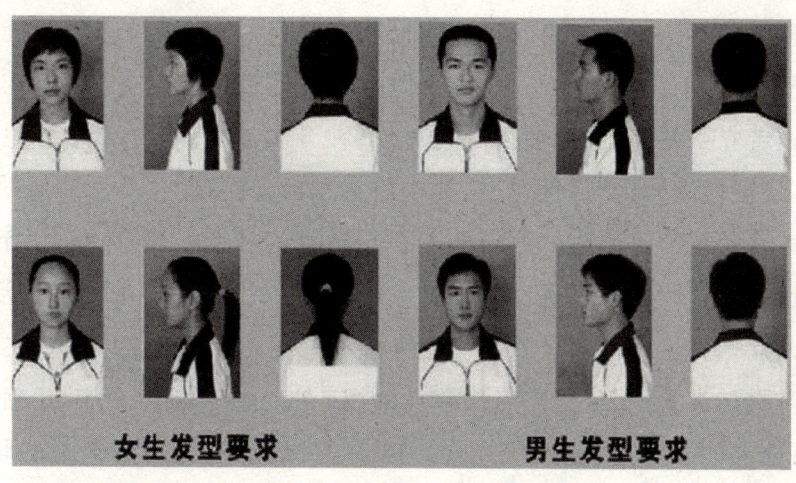

女生发型要求　　　　　　男生发型要求

(二)见面礼仪

进入新的学校,见到新老师、新同学,热情友好地打招呼问候,是融入新环境的良好开端。

● 问候　问候语一般不强调具体内容,只表示一种礼貌。比较通用的问候语有"你(您)好""你(您)早""早上好""下午好""晚上好"(约18:00至睡前)"晚安"(临近对方睡觉时,并肯定在当天不会再会时)、"我先走了""辛苦您了"。问候应该由己方先主动,用明快的语气跟别人打招呼,基本问候之后,可以试着说一两句关心对方的话。在路上和老师相遇时,要主动向老师问好;在校外遇到老师时,应主动和老师打招呼,不要故意回避;学校经常有宾客来访,遇到来宾要主动行礼、问候,对待来宾的问题,要热情解答。外校或外班老师来听课,课前要礼貌问候,课上要认真听讲、踊跃发言。

● 鞠躬礼　鞠躬是人们日常工作、生活中为表示对别人的恭敬而普遍使用的一种礼节,如拜见师长、欢迎宾客、演员谢幕等。不同的场合需调整行礼的幅度,行礼和道歉等最常见的是鞠躬45度,迎接客人是鞠躬30度。行鞠躬礼前应先脱帽,男生手臂自然下垂,放于身体两侧;女生双手叠放在身体前,身体立正站好,双目注视受礼者。行礼时,身体上部向前倾斜,视线随鞠躬自然下垂,注意不要驼背。

● 注目礼　在升国旗、奏国歌时,要行注目礼;接受检阅时要行注目礼;开始上课前,学生应站立,向老师行注目礼。行注目礼时,行礼者面向受礼者立正站好,同时注视受礼对象;在升国旗时,目光应始终注视国旗;在接受检阅时,要目迎目送,礼毕将头和目光转正。

● 致意　致意也是一种向他人表示敬意的礼节。致意有点头致意、微笑致意、招手致意、脱帽致意、欠身致意等多种形式。在日常生活中,两个人互相看见而两者的距离较远时,可采用招手致意的方式;在同一场合多次与某人见面,只需点头致意即可;在会场等场合,可以互相微笑致意;进入他人居室,别人将你介绍给对方,或是主人向你奉茶的时候,可以欠身致意。同辈间可以用点头和微笑的方式致意。

(三)表情礼仪

表情是人的面部情态,能够传情达意,也是自身素质的体现。

● 目光　眼睛是心灵的窗户。与他人交往时,目光应注视对方,不应躲躲闪闪,但也不能长时间盯着对方不放,与人交谈时,1/3～2/3的时间看着对方比较好。如果我们发现与人交谈时,对方说话视线集中在我们身上,则表明他对话题很感兴趣,精神专注,谈兴正浓;反之,如果对方目光长时间不与我们接触或游移不定,经常左顾右盼或频频看表、看手机,则表明对方对所谈话题不感兴趣,或急于离开,应转换或终止话题。

● 笑容　真诚的笑容能有效地拉近人与人之间的距离,也能让我们自己心情愉悦,所以我们在日常生活中要多笑。笑容中最具有感染力的是微笑。微笑时,两边嘴角微微上提,露出牙齿,眼中带着笑意。国际标准微笑是露出上排的6～8颗牙齿,别人在离你3米的时候就可以看到标准迷人的微笑。

笑也有很多技巧要注意:不该笑时不笑,当别人心情不好、陷入困境、身体不适、出糗的时候,面带微笑反而让人不舒服,很多学生尤其是女生由于害羞或觉得不好看,笑的时候喜欢捂嘴,或不敢和别人视线交流,这样反而显得不自然。

(四)仪态礼仪

仪态,是一个人身体各部分呈现出的姿态,它可以透露出我们的很多信息,影响我们给别人的印象。优雅的仪态可以让我们更自信。

●站姿　站立时,身体直立,挺胸、收腹、收颌、抬头、双臂自然下垂或双手在体前相握,眼睛平视,面带笑容。站立时不要驼背含胸、东倒西歪、抖腿、晃动身体、双手叉腰,在正式场合不要将手插在裤袋里或交叉在胸前,避免一些小动作,如敲打手指、玩发梢、拽衣服等,那样显得拘谨、不自信,也不庄重。

●坐姿　端庄优美地坐,会给人以文雅、稳重、自然大方的美感。正确的坐姿应该是:入座时要轻柔和缓,离开座位时要端庄稳重,女生要注意坐前捋一下裙子或裤子。不可猛起猛坐,弄得桌椅乱响。坐椅子的三分之二,腰背挺直,女生双膝并拢,男生膝部可分开与肩同宽或略窄,双手自然放在膝盖上或椅子扶手上。坐下后避免抖腿、弯腰弓背、跷二郎腿、将脚架在茶几上或向前伸直、频繁变换坐姿等。

●走姿　正确的走姿是:抬头挺胸,上身保持挺拔,肩部端平,两眼平视,面带微笑,双臂在身体两侧前后摆动,行走时大腿带动小腿,迈腿时膝盖不要弯曲,女生行走时两脚内侧在一条直线上,男生行走时走两条平行线。行走时,避免低头含胸、拖着脚走、身体摇晃、左顾右盼、手插在裤袋里、边走边吃喝或抽烟、与人勾肩搭背等。

●蹲姿　下蹲时,右脚在前,左脚在后,两腿向下蹲,左脚脚掌着地,小腿垂直于地面,右脚脚跟提起,前脚掌着地,右膝高于左膝,臀部向下,男生两腿可以张开一些,女生双腿要靠紧。蹲下时注意避免弯腰撅臀的姿势,不要突然蹲下或离人太近,不要正面或背对别人蹲下,女生穿裙装蹲下时双腿一定要并拢,不要蹲在凳子上。

(五)手势礼仪

肢体语言中最多的是人的手势,也许无意间的一个手势就已经影响了你在他人心目中的印象。

●递物接物　我们在生活中递接物品,要主动上前,眼睛注视对方,双手递接。如果递送文件或书刊,则要把封面、文字正面朝向对方(比如把作业交给老师时,应该将作业的正面朝上,用双手递上),接过老师递给自己的作业时,同样要用双手,并对老师说声"谢谢"。递笔、刀剪之类的尖利物品时,要将尖头朝向自己,而不是指向对方。招待客人用茶时,左手托底,右手手握杯把或扶杯壁,将杯把指向客人的右手边,并说声"请用茶",若茶水较烫,则将茶杯放到客人面前的茶几上;如果接主人敬上的茶,则应站起身伸出双手,说"谢谢"。如果在特定场合下或东西太小不必用双手时,则一般用右手递接物品,也可以用左手托住右手递接。

●握手时伸手的顺序　握手时伸手的顺序遵守尊者先行的原则,主要体现在:长者与年幼者握手,长者先伸手;老师与学生握手,老师先伸手;女士与男士握手,女士先伸手;已婚者与未婚者握手,已婚者先伸手;上级与下级握手,上级先伸手;先来者与后来者握手,先来者先伸手。

●进出办公室礼仪　如果门开着,则直接喊"报告"。如果门关着或虚掩着,就要敲门。敲门有讲究,力度要适中,间隔有序地敲三下,如果没有回应,就再加力度敲三下,得到回应"请进"就可以推门进入。进门后,若要关门,则要侧着身体关门,不要用臀部对着老师;进入办公室后,径直走到老师身旁约一米处,轻声与老师说话;获得允许后才能就座。没有经过允许,就不能随便翻动老师的物品。离开时,如果是坐着,则起身要轻,并将椅子放回原位;经过老师允许后,向老师鞠躬告别:"老师,我走了,再见!"后退两步转身离开;走出门时,随手将门轻轻关好。

●尽量避免的动作　伸出食指,指向他人(会有轻视、教训别人的感觉),因此,在数人数或介绍、指引时,不要用手指指点点;双手交叉放在胸前,会让人觉得很难接近;上课时,玩弄自己的手指或转笔,会显得心不在焉,也很幼稚;打响指招呼别人的动作,是对他人的不尊重;当众挖鼻孔、掏耳朵、挠头皮都会给人带来困扰,是不文明的表现;与人交谈时,手势不要太多,动作不宜太大,手的位置高不过耳,低不过腰。

(六)手机礼仪

大多数同学已经拥有了自己的手机,同学们会用手机上网、玩游戏、看电子书、聊 QQ 等,但是同学们应该了解手机使用的礼仪。

●选择恰当的通话和使用手机的时间　除非有要紧的事必须马上联系,否则不要在别人休息的时间打电话(例如早上 7:00 之前,晚上10:00 之后及午休时间),在对方吃饭的时间打电话也不合适。在学校使用手机也要注意时机,上课时玩手机,既是对老师的不尊重,也是对自己的不负责。

●通话时注意礼貌用语　接到电话首先要问候;如果打电话影响到他人,就要说明原因,说一声"对不起";通话结束,不要忘记道别,说"再见""回头联系"。

●通话时注意态度　虽然通话时对方的态度看不到,但可以感觉到。打电话时要面带微笑,声音温柔,态度端正,不能喝茶、吃东西或做别的事情,这样会显得不礼貌和心不在焉。

●注意手机的使用场合　在公交车、图书馆、医院以及电梯等公共场合旁若无人地大声接打电话是很失礼的行为,确实有事需要通话,要尽可能压低声音,不影响别人。在会场、电影院、剧场打电话也是不合适的(手机尽量关机或保持静音状态),而在加油站、飞机上由于安全原因,是不能拨打手机的。

●手机短信　编发短信也要注意礼貌用语,不发低俗的短信;如果是给不熟悉的人或老师发短信,则要有称呼、有问好,结尾要署名,以便对方知道自己是谁。

（七）谈话礼仪

●杜绝脏话、粗话　有些同学有说脏话、粗话的毛病，而且有时还意识不到自己说了，要注意随时约束自己，最好请自己的亲人或好朋友提醒监督自己，将这样的坏习惯改掉。

●学会礼貌用语　当别人为我们提供帮助或方便时，要说"谢谢""多谢""十分感谢""麻烦您了"等常用的致谢语。具有我国特色的致谢语还有"难为您了""有劳您了""让您费心了"等。

我们因某种原因打扰、影响别人，或给人带来不便，甚至造成别人的损失或伤害，要使用致歉语，如"对不起""请原谅""打扰了""很抱歉""真过意不去""对不起，打断一下""对不起，让您久等了"等。

请托语也是我们应该用到的，常用的有"请""劳驾""拜托""有劳您""让您费心了""请您帮个忙""请问您""请将门窗关好"等。

●学会倾听　要想有好人缘，就要学会倾听，倾听会让别人感受到被认可、被重视。听人说话时，身体微向前倾，眼睛注视对方，配合点头或会心微笑，并给予适当的回应，如"嗯""对""是的""后来呢"，让谈话顺利进行。

●减少失礼的说话方式　不要随意插话或接话，打断别人，或不顾别人的感受另起话题；和别人说话时，不要光顾着忙自己的事，如看手机（表现得心不在焉）；不要总是否定别人或质疑别人，多肯定、赞美别人；过度吹嘘自己、卖弄自己，也会引起别人的反感；不在别人说话时抖腿、打哈欠、频频看手表。

(八)公共场所和集会礼仪

● 图书馆、阅览室　在图书馆、阅览室阅读报刊时,要保持安静,放轻脚步,交谈时应简短、轻声,不丢弃垃圾,不损坏图书,借阅图书要及时归还。

● 食堂就餐　就餐时应自觉排队买饭,不插队,不拥挤;尽量不剩饭剩菜;尊重食堂工作人员的劳动,并表示感谢;吃饭时不大声喧哗,不端着碗走来走去,吃饭声音不要过大。

● 公共场所　自觉保持校园整洁,不乱扔垃圾、不随地吐痰、不乱涂乱画;自行车存放在指定的车棚或地点,不乱停乱放;不在楼道打闹嬉戏。上下楼梯,在楼道、街道行走以及乘坐手扶式电梯时,靠右侧行进。上下楼梯遇到师长、客人,应侧身让师长、客人先走;进出门口,要主动开门,侧身站立,让对方先走。

● 集会　参加集会时,有序地提前入场;集会时,不随意说话、打闹和走动,保持安静、专注;在观看演出中遇有精彩的表演,开始或结束时应鼓掌致意感谢和赞赏。当登台发言时,先向师长、来宾敬礼,再向听众敬礼,发言完毕敬礼和道谢,再回座位。

(九)男女生交往礼仪

男女生正常交往不仅有利于心理的成长,也有利于性格互补,男女生交往需注意一些礼仪规范。

● 对待异性落落大方　和异性同学交往不必过分拘谨或过分冷淡,否则会让人觉得不自然,没有礼貌,难以接近。男女生之间交往也要适当保持距离,避免肢体上接触(比如打闹,往异性同学身上靠,动手动脚,做一些亲密的动作),最好的距离为 0.75~1.5 米。说话时也要注意,避免一些不合适的话题,涉及两性之间的一些敏感话题要回避,不要开低级庸俗的玩笑。要减少男女生单独交往,尤其是频繁的交往。如果一位或几位异性邀请自己一同去从未去过、不太熟悉、不适合自己去的地方,都要予以拒绝。与异性交往时,尽量避免晚上尤其是深夜活动。如果是同学聚会等活动,也尽量早点回校,不能与异性一同外出夜不归宿。

●男生要有"女士优先"的意识 礼仪有一个重要的原则是"女士优先",并不是说什么事情都让着女生,而是用行动去尊重女生、照顾女生、体谅女生。比如有较繁重的劳动任务时,男生发现有女生有困难或体力不支时,要主动进行帮助,不应讥笑或袖手旁观;在街上行走,男生应走在女生的左侧;见面主动问候;见到女生提重物的时候,应主动帮忙等。

话题四　正确处理矛盾

在与同学相处过程中难免会出现一些误会、冲突,有时就是一句话、一个眼神、一个小磕碰、一次小接触,或因道听途说所产生的矛盾。如果不尽早化解,矛盾就可能会激化。面对这些矛盾,应如何正确处理呢?

方法常识

(一)尽量减少矛盾

产生矛盾的原因有很多,性格、生活方式、说话方式、思维方式的不同都可能导致冲突,很多时候只要我们注意,就可以避免矛盾产生。

●站在对方角度考虑问题　有些同学以自我为中心,不考虑别人的感受,想干什么就干什么,不管是否影响他人,如在别人休息、学习时,毫无顾忌地追逐打闹、大声喧哗;在宿舍里晚上睡得很晚,影响别人休息;不值日,随手丢垃圾;打饭、买东西乱插队等。如果做事只考虑自己,不顾别人,背后议论别人,就很容易引起别人的不满和反感,从而产生矛盾。要想避免这些矛盾,就要学会站在别人的角度去思考:我的行为是不是给别人带来了困扰、不便?会不会让别人不舒服?如果是我自己遇到这样的事会怎么想?如果我们常常这样想,做事情就会考虑别人的感受,矛盾自然就会减少很多。

●减少与他人的争辩　我们在和别人相处过程中,遇到看法、意见不一致时,应尽量避免争辩。美国著名的人际关系学大师戴尔·卡耐基说:"唯一自争辩中获得的好处是,避免争辩。"很多心理学家也指出,用争论的方法并不能改变别人,只会引起反感。争论所引起的愤怒情绪常常会导致人际关系的恶化,因为反驳、否定别人时,不管是否有道理,都会伤害别人的自尊。

●友谊需要维护　人无完人,不要对朋友要求过高,对朋友的缺点和短处要宽容;好朋友之间常常无话不谈,特别是女孩子,如果朋友告诉我们其秘密,则一定要保守,不能图口舌之快,泄露朋友的秘密;即使最好的朋友间,也要保持适当的心理距离,而不是将所有的隐私告诉他;朋友遇到难处,要尽力给予支持和帮助,而不是推脱;有了新朋友,也别忘了旧朋友,不要觉得这朋友没什么用处了,就不理不睬。

●注意自己说话的方式　俗话说:"良言一句三冬暖,恶语一声六月寒。"说话时粗声大气,不分对象,不分场合,以取笑别人、揭人短处为乐;说话用语不文明,甚至用污秽的语言辱骂他人;对人言语傲慢,态度无礼;常常批评指责他人;说话时不思考就脱口而出,过于直接生硬,还自认为说话"直",这些都有可能引发矛盾冲突。说话时要注意表情自然、语气柔和、音量适中,避免脏话和不良的口头禅,多说礼貌用语,多给对方赞美和鼓励,少指责和批评,不揭人短处,不取笑别人,指出对方的问题时讲究方式方法,尽量使忠言不逆耳,含蓄一点,幽默、风趣一点,让人乐意接受,能够接受。

(二)学会化解矛盾

虽然我们可以避免不必要的冲突,但是有时候矛盾和冲突不可避免地产生了,面对矛盾冲突,否认或躲避都不是好办法,一味忍让、迁就也不一定能解决问题,而用暴力更不是好方式,我们要学会面对矛盾、解决矛盾。

●沟通化解矛盾　如果和别人发生了矛盾,则首先要冷静,想一想事情发生的前因后果,看一看这里边有没有误会,可以找其他人了解一下,也可以直接找和自己发生矛盾的人平心静气地谈谈,也许问题一下就解决了。

●寻找适当的机会和好　发生矛盾后,两人见面不说话或总是针锋相对,也会影响心情,不如找机会与对方和好,比如主动打招呼、在对方需要时帮助对方、找第三个人帮忙调解传话、写个小纸条、在别人面前夸奖对方、主动邀请对方参加活动等,只要我们想与别人和好,就一定能想出办法。

●主动承认错误　矛盾发生时,如果是自己错了,就要真心诚意地向对方认错、道歉,把话说明,让对方了解自己的愧疚,用行动去弥补过失,取得对方的谅解。不要觉得这样会没面子,其实这正是成熟的表现,也会赢得别人的尊重。

● 寻求师长的帮助　有时矛盾冲突比较严重,我们自己解决不了,不要想着找人去报复对方,而应该寻求老师或家长的帮助。

● 通过法律途径解决　如果别人严重侵犯了我们的权益,影响了我们正常的学习、生活,就要学会利用法律的途径解决。当一些矛盾冲突已经上升到很严重的暴力行为时,要及时报警,阻止更严重的后果产生。

信息链接

《中等职业学校德育大纲(2014年修订)》德育内容

(节选)

1. 理想信念教育

中国特色社会主义和中国梦教育;倡导"富强、民主、文明、和谐,自由、平等、公正、法治,爱国、敬业、诚信、友善"的社会主义核心价值观教育;马克思主义哲学教育;立足岗位、奉献社会的职业理想教育。

2. 中国精神教育

以爱国主义为核心的民族精神教育;以改革创新为核心的时代

精神教育;中华优秀传统文化教育;中共党史与国情教育。

3. 道德品行教育

社会公德、职业道德、家庭美德、个人品德教育;学生日常行为规范、文明礼仪教育与训练;生命安全、艾滋病预防、毒品预防、环境保护等专题教育。

4. 法治知识教育

宪法法律基础知识教育;职业纪律和岗位规范教育;校纪校规教育。

5. 职业生涯教育

职业精神教育;就业创业准备教育;终身学习和职业生涯可持续发展教育。

6. 心理健康教育

心理健康基本知识和方法教育;青春期心理健康教育;职业心理素质教育;心理咨询、辅导和援助。

除以上各系列教育内容外,学校还要根据国家形势发展需要进行时事政策教育。

拓展训练

一、学做有责任的员工

苏珊和艾达是一家餐饮店的实习生。一天,一位住在酒店的客人到餐厅吃饭,饭菜上桌后,他突然接到一个电话,然后急匆匆地想出去。临走前,这位客人要求艾达将他的饭菜先放在这里,他会很快回来,然后再吃,说完还拿出自己的房卡让艾达看了一眼。艾达礼貌地微笑着点了点头,准备让他离开。

这一场景被一旁的苏珊看见了,这事本来与苏珊无关,但强烈的责任感却让她主动走了过去。她面带微笑诚恳地对那位客人说:"先生,请您放心,我们一定会帮您留着菜。不过我们酒店规定点菜后必须先付账才能离开。现在您已经点了菜,所以需要先付账。请您理解我们。我们保证会为您留着饭菜。"

"好,我现在就去付账。"客人爽快地答应了。

"好的,我带您去。"于是,苏珊笑容满面地带着客人到前台结了账。

后来,那位客人一直到餐厅快要打烊才回来。苏珊因为答应了这位客人,所以她没有离开,还通知厨房留人值班。当客人回来后,她立刻让厨师将热好的饭菜给客人端上来。这位客人没想到自己离开这么久,服务员还会为他留着饭菜,非常感动,而这些,也被酒店经理看在了眼里。

就这样,因为有着深深的责任感,苏珊从一个小小的实习生开始,一步一个脚印踏踏实实走上了酒店副总的位置。

拓展目标:

使学生认识具有责任心对一个人成长的重要性。

拓展方法:

学生代表阅读材料,再分组交流讨论或全班进行交流。

拓展过程:

1. 学生代表上台阅读材料。

2. 分组讨论,作为班级一员,应该具有哪些责任。

3. 每个小组选派一名代表上台发言,说说中职生应具备哪些责任心。

4. 小结。

二、问候、鞠躬、致意练习

拓展目标:

学会问候、鞠躬、致意的正确方法。

拓展方法:

分小组,模拟不同场景,练习问候、鞠躬、致意的方法。

拓展过程:

1. 同学见面打招呼问候(面对面、远处等不同场景)。

2. 遇到认识的老师;遇到去班上听课的老师;在学校走廊遇到来校

参观的客人。

三、微笑训练

拓展目标：

　　每位同学进行微笑训练，可在课堂上，也可在课余时间练习。

拓展方法：

　　对镜练习微笑训练法、含箸法、情绪诱导法，准备镜子、轻快的音乐、筷子。

拓展过程：

　　1.对镜练习微笑：播放轻快的背景音乐，端坐在镜子前，保持愉悦的心情，调整呼吸自然顺畅，静心3秒钟，开始微笑：双唇轻闭，使嘴角微微翘起，面部肌肉舒展开，注意眼神的配合，如此反复多次。

　　2.含箸法：选一根洁净、光滑的圆柱形筷子，横放在嘴里，用牙轻轻地咬住，练习微笑，请同学互相观察。

　　3.情绪诱导法：看笑话、让自己高兴的照片、书，回想高兴的事，听让人开心的音乐，引发快乐和微笑。

第四讲 安全与防范

导读感悟

校园安全是顺利开展学校教育活动的基础,也是教育改革和发展的基本保障。《国家中长期教育改革和发展规划纲要(2010－2020年)》指出,要"切实维护教育系统和谐稳定,深入开展平安校园、文明校园、绿色校园、和谐校园创建活动,为师生创造安定有序、和谐融洽、充满活力的工作、学习、生活环境";同时强调,"加强安全教育和学校安全管理,加强校园网络管理和周边治安综合治理,完善学校突发事件应急管理机制,妥善处置各种事端"。

学校安全工作关系着学生的安危、家庭的幸福、社会的稳定。我们加强自身的安全防范意识,才能体现出生命的价值,才能让我们的生活五彩缤纷。

典型案例

2019年6月23日下午3时左右,安徽金寨县接到警情,梅山镇小南京村下圩组地界的史河内有人落水。接警后,当地党委政府及有关部门迅速组织救援,经搜寻打捞,4个少年不幸溺亡。

2018年12月26日9时34分,北京市119指挥中心接到报警:北京交通大学东校区2号楼一实验室发生爆炸。10时20分,火情得到控制。事故造成3名参与实验的学生死亡。经核实,北京交通大学市政环境工程系学生在学校东校区2号楼环境工程实验室,进行垃圾渗滤液污水处理科研实验期间,实验现场发生爆炸。

话题一　注意校园安全

学生离开家庭,进入职业院校,要牢固树立安全意识,要学会日常生活的基本安全知识和自救技能。

方法常识

(一)防范食品中毒

●不买"三无"食品　不买无生产日期、无质量合格证以及无生产厂家、来路不明的产品,不食用过期、变质、酸腐变味和性质不明的食品。

●注意饮食卫生　饭前要洗手,已开封的食品应尽快吃完,未吃完的食品要妥善保管。果蔬类食品生吃时要清洗干净,并用微波炉消毒或用开水、淡盐水浸泡消毒。

●不去小摊就餐　校外就餐要选择卫生条件好的餐馆,尽量不去街头小摊。选择食堂就餐，谨慎选择外卖。

●保持室内清洁　保持寝室、抽屉、贮藏柜的卫生清洁，确保食物卫生贮存。定期清洗储物柜、食品柜和牙具毛巾。

●处置食物中毒　发现自己或同学食物中毒后，应立即拨打120求救。遇到紧急情况，可在老师指导下，以手指或钝物刺激中毒者咽弓及咽后壁，引起呕吐（注意避免呕吐误吸而发生窒息）。对可疑有毒食物，禁止再食用，并收集呕吐物、排泄物及血尿送到医院做毒物分析。

（二）拒绝吸烟诱惑

●了解吸烟的危害　吸烟会给青少年大脑、心肺功能发育带来不良后果，还影响个人形象和人际交往。在公共场所吸烟，不仅污染空气，给不吸烟者造成被动吸烟的危害，而且可能引发火灾。

●远离吸烟人群　避免与抽烟人单独相处，不受诱惑，不吸别人递来的香烟。不在同伴影响下相互模仿吸烟。

●有意识戒烟　如果有吸烟的嗜好，则将吸烟的危害和戒烟的好处写在纸上警示自己。经常去图书馆等不许吸烟的场所，经常进行户外活动驱散心理烦恼。将每周省下的钱购买自己喜欢的东西，不断感受不吸烟的好处。

（三）坚决远离毒品

●了解毒品的危害　了解毒品摧残身心、诱发犯罪、传染疾病、耗资巨大及家破人亡的案例。

毒品的身体依赖性是由于反复用药所造成的一种强烈的依赖性。毒品作用于人体，使人体体能产生适应性改变，形成在药物作用下的新的平衡状态。一旦停掉药物，生理功能就会发生紊乱，出现一系列严重反应，称为戒断反应，使人感到非常痛苦。用药者为了避免戒断反应，就必须定时用药，并且不断加大剂量，使其终日离不开毒品。

毒品的精神依赖性指毒品进入人体后作用于人的神经系统，使吸毒者出现一种渴求用药的强烈欲望，驱使吸毒者不顾一切地寻求和使用毒品。一旦出现精神依赖后，即使经过脱毒治疗，在急性期戒断反应基本控制后，要完全康复原有生理机能往往需要数月甚至数年的时间。更严重的是，对毒品的依赖性难以消除。这是许多吸毒者一而再、再而三复吸毒的原因，也是世界医、药学界尚待解决的课题。

●毒品危害人体的机理　我国目前流行最广、危害最严重的毒品是海洛因，海洛因属于阿片灯药物。在正常人脑内和体内的一些器官，存在着内源性阿片肽和阿片受体。在正常情况下，内源性阿片肽作用于阿片受体，调节着人的情绪和行为。人在吸食海洛因后，抑制了内源性阿片肽的生成，逐渐形成在海洛因作用下的平衡状态，一旦停用就会出现不安、焦虑、忽冷忽热、起鸡皮疙瘩、流泪、流涕、出汗、恶心、呕吐、腹痛、腹泻等反应。这种戒断反应的痛苦，反过来又促使吸毒者为避免这种痛苦而千方百计地维持吸毒状态。冰毒和摇头丸在药理作用上属中枢兴奋药，毁坏人的神经中枢。

●远离疑似毒品场所　不进入治安复杂的场所或在吸毒场所停留。不吸食陌生人提供的香烟或饮料。不因心烦而错误地"借毒消愁"。不相信毒品能治病或滥用药品（如兴奋剂、镇静剂等）。

第三代毒品主要是指 2000 年之后出现的新型毒品,主要是化学合成的新精神活性物质。专家介绍,为了逃避打击,第三代毒品更新换代速度更快,两三年就可能会出新品种,形态也更为多样,比如可以渗入饼干、烟丝、香草、饮料中,更易于让人受到蒙蔽。

●拒绝毒品诱惑　不因好奇心或抱着侥幸心理接触毒品,不要为效仿"明星""大款"或赶时髦而吸毒。不要听信"吸毒是高级享受"的谎言。不结交吸毒或贩毒人员。

(四)防范校园火灾

●不乱接电线电器　不在宿舍及楼道等处私接电线、插座和灯头。不使用劣质或有安全隐患的电线及电器产品。不在宿舍内违规使用大功率电器(如热得快、电水壶等),长时间外出应切断电源。

●时刻预防火灾　不在宿舍内以各种灶具或使用明火烹煮食物。不在室内堆放汽油、烟花爆竹和危险试剂等易燃易爆品,不在宿舍区点蜡烛和焚烧杂物。

●熟悉消防通道　知晓教室、宿舍消防器材放置位置。保护公共场所的消防栓、灭火器等消防设施和器材。熟悉教室、宿舍、食堂、实验室、实习场所、图书馆等地的消防通道。

●学会处理火情　发现火情应沉着镇定,大声呼救并及时报警。发现小的火源应及时用消防器材扑灭,若火势渐大,则应抓紧逃生,不要舍不得财物。若遇电气火灾,则首先应断电,千万不能用水灭火。

●演练火灾逃生　若寝室、教室着火,则逃生时不要乘坐电梯,也不要急忙跳楼。在教室、寝室过道逃离火灾时,应口捂毛巾,弯腰俯身寻找紧急出口,听从指挥,切莫慌乱拥堵。

●火灾自救小常识　当遇到火势威胁时,我们要当机立断找衣物、被褥等并把它们泡湿,然后披在身上向安全出口方向冲出去,不要有任何的想法,逃生才是最重要的。

当我们需要穿过浓烟逃生时,首先我们要用湿毛巾或者湿的衣物捂住口鼻,身上披着湿衣物或者被褥并尽量使身体贴近地面向安全方向爬行。

当身上着火时,首先就地打滚或用厚重衣物压灭火苗,千万不要想着奔跑这会让火势越来越大的。遇火灾不可乘坐电梯(这是我们必须知道的),要向安全出口或者楼梯方向奔跑逃生。

若所有逃生线路被大火堵住,我们要立即退回室内,并及时地打电话求救,在没有信号的情况下我们可以用打手电筒、挥舞衣物、呼叫等方式向窗外发送求救信号并等待救援。

(五)预防触电危险

● 不拆卸和安装电器设备　如发现教室、寝室、实验室或实习车间等地方的电器设备出现问题,请及时报告老师或者相关专业工作人员维修,不可私自拆卸修理,以免发生触电意外。

● 清楚电源总开关位置　在紧急情况下可以关闭总开关。不用手或者导电物体直接接触电源插座或者电器内部。不用湿布擦拭电器。电器使用完毕后应立即拔掉电源插头。

● 熟悉触电救援方法　发现同学触电时,要设法及时切断电源或者用不导电物体将触电者与带电的线路或者电器分开,切记不要用手去直接救人。如果自己没有办法施救,则应及时呼救,寻求他人帮助。

(六)注意交通安全

●横穿公路守规则　穿越马路要遵守"红灯停、绿灯行"的交通规则。穿越马路要走斑马线,尽量选择走过街天桥或者过街地下通道。严禁翻越道路中央安全护栏和隔离带。不要突然横穿马路,以免发生意外。

●骑车出行应安全　骑车出行首先要保持车况完好,车闸、车灯、车铃都灵敏。车辆大小适中,要在非机动车道右侧骑行,不逆行,不要急刹车、急转弯,不飙车、不撒把,不追逐打闹、不追逐或者攀扶机动车,不骑车带人、骑车不带耳机,遵守交通规则。

●乘坐公共交通工具有秩序　乘坐公共汽车或地铁要排队,有秩序地上车,遵守先下后上的原则,不拥挤。不携带违禁物品上车,乘车时不要将头和手伸出窗外,以免发生意外。车辆起步时要坐稳扶牢,以免车辆加速、急刹车或者拐弯时摔倒受伤。在乘车过程中随时看管好自己的物品,以免丢失或者被盗。乘坐有营运资格单位的车辆,不乘坐无营运资质的黑车。

(七)防止溺水发生

●不去危险河域　不去情况不明的水域游泳。应选择去游泳馆等正规场所,携带好泳衣、毛巾、洗漱用品。尽量找同学或者朋友结伴游泳,以便相互照顾。

●落水不要慌乱　不会游泳者落水后不要心慌意乱,应冷静地采取头顶向后,口向上方的姿势,将口鼻露出水面,此时就能进行呼吸。呼吸要浅,吸气宜深,尽可能使身体浮于水面,以等待他人营救。千万不能将手上举或拼命挣扎,因为这样反而容易使人下沉。

●学会应对抽筋　会游泳者若在游泳时小腿痉挛(抽筋)应及时呼人援救。此时需将身体抱成一团,浮上水面。深吸一口气,将痉挛(抽筋)下肢的拇指用力向前上方拉,使拇指跷起来,持续用力,直到剧痛消失,抽筋自然也就停止。上岸后最好再按摩和热敷患处。如果手腕肌肉抽筋,则将手指上下屈伸,并采取仰面位,以两足游泳。

(八)防止意外伤害

● 预防跌伤摔伤　有些学校的宿舍或者教室地板比较光滑,要注意防止滑倒受伤。需要登高打扫卫生、取放物品时,要请他人加以保护,注意防止摔伤。

● 预防划伤刺伤　使用刀、剪等锋利尖锐的工具或图钉、大头钉等文具后应妥善收好,不能随意乱放,防止有人受到伤害。

● 预防嬉闹意外　集体活动时要服从安排,不擅自脱离集体或从事其他危险活动。在活动中需要注意劳逸结合。举止文明,出入有序,上下楼梯礼让、慢行、靠右走,不推搡,不追逐打闹,不起哄。

发觉拥挤的人群向着自己行走的方向拥来时,应该马上避到一旁,但是不要奔跑,以免摔倒。如果到达楼层时有可以暂时躲避的宿舍、水房等空间,可以暂避一时。切记不要逆着人流前进,那样非常容易被推倒在地。若身不由己陷入人群之中,一定要先稳住双脚。切记远离玻璃窗,以免因玻璃破碎而被扎伤。遭遇拥挤的人流时,一定不要采用体位前倾或者低重心的姿势,即便鞋子被踩掉,也不要贸然弯腰提鞋或系鞋带。如有可能,抓住一样坚固牢靠的东西,待人群过去后,迅速而镇静地离开现场。在拥挤的人群中,要时刻保持警惕,当发现有人情绪不对,或人群开始骚动时,就要做好准备,保护自己和他人。

如果出现拥挤踩踏的现象,应及时联系外援,寻求帮助。或赶快拨打110、120等。

若被推倒,要设法靠近墙壁。面向墙壁,身体蜷成球状,双手在颈后紧扣,以保护身体最脆弱的部位。两手十指交叉相扣,护住后脑和颈部;两肘向前,护住头部。不慎倒地时,双膝尽量前屈,护住胸腔和腹腔重要脏器,侧躺在地。在拥挤人群中,左手握拳,右手握住左手手腕,双肘撑开平放胸前,形成一定空间保证呼吸。

(九)防范财物被盗

●注意防盗　注意观察形迹可疑人员(防止推销小商品人员进入校内顺手牵羊)。及时修复损坏的宿舍防盗设施。保管好自己的钥匙。积极参加宿舍楼内的安全值班。

●保管好自己的财物　保管好自己的现金、银行卡、手机(涉及支付宝、微信支付等),设置的密码应选择容易记忆且又不易被解密的数字,注意不要选用自己的出生日期作为密码。

不要将贵重物品放在柜子或者抽屉里,不要随便放在桌上、床上(防止盗窃分子顺手牵羊或溜门盗走或钓鱼盗走)。必要时,将一些衣服和贵重物品做上记号,为被盗后找回来作证。寒暑假时,将贵重物品带回或托人保管。

不要带较多的现金和贵重物品去公共场所,宿舍内也不要放大量现金,贵重物品不要放在明处。在教室、图书馆学习或在食堂用餐时,不要用书包或随身携带的包占座。不要在书包里放较多的现金、贵重物品和钥匙等。

●外出随手关门　上课、参加集体活动、出操、运动锻炼时,要养成随手关窗锁门的习惯。即便是暂时离开宿舍,也要锁好门,切不可大意,抱有侥幸心理。

●失窃及时报警　失窃后,请老师或公安人员勘查现场后应尽快清点财务,若存折、银行卡被盗,则应及时电话挂失或立即去银行挂失。若手机被盗要抓紧挂失手机号。积极配合调查,实事求是地回答老师、保卫人员和公安人员提出的问题,积极主动提供线索,不隐瞒情况。

一旦发现可疑人员正在作案,就要尽量记住作案人的体貌特征,首先向学校保卫部门报警。不可匆忙查看物品,破坏现场。不准无关人员进入,等待警察或老师前来调查处理。

(十)防止受骗上当

●防止隐私泄密　当有人打电话告诉你中了大奖,需要核对或登记你的身份证号码、银行卡号和密码时,千万不要轻信;在ATM机前取款时,要严密防范故意靠近自己的人,以防泄露密码;不要将自己或同学的姓名、身份证号码、手机号码、家庭住址、父母工作单位及电话号码等轻易泄露给别人;与家人约定,需要钱款不委托他人代办;凡陌生人所言自己熟悉人的种种事情,涉及钱物的,需提高警惕,不要轻信;不借银行卡、身份证件给陌生人。

●防范手机短信链接病毒　很多伪基站也模仿或冒充10086、95588、支付宝等官方号码发送短信。此类诈骗剧本往往紧跟热点变化噱头,但不变的是短信中的短链接,所以当大家收到含有短链接的短信,一律不要点开,马上删除这条短信。

如果误点了短信链接应立即给手机重装系统、恢复出厂设置或者使用杀毒软件查杀病毒。在第一时间解除手机内第三方账户及网银,及时删除短信,不要再点击链接。通知通讯录里所有好友,告知其自己手机中了病毒,不要相信木马发送的诈骗短信。还有一点很重要,及时挂失银行卡。

●不轻信中奖信息　不轻信免费培训,警惕电话和短信敲诈,不贪图蝇头小利,不轻信中奖信息。接到陌生电话涉及钱财的应及时挂断,对短信类的诈骗信息,应直接删除,不予理会(也可打"110"投诉诈骗电话号码)。

●遭遇诈骗及时报案　遭遇诈骗时,在校内及时向保卫部门报告,在校外应及时报警,并配合调查,实事求是描述过程。并尽可能地保存好所有与诈骗分子进行联系的单据(如电子邮件、银行汇款单、手机短信等),同时,将你的被骗经过以书面形式记录下来;带着你的被骗经过书面记录和被骗单据到当地公安部门或派出所报案。

话题二　预防自然灾害

在遭遇灾害的时候,除及时请求政府部门救援外,学习防灾、自救和互救知识与技能,在遇险时及时应变,可减少事故发生,保障自己和他人的人身安全,减轻灾害程度。

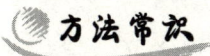方法常识

(一)地震灾害预防

●教室与宿舍避震要点　在平房教室或宿舍遭遇地震时,坐在离门较近的学生可迅速从门窗逃出室外,离门窗较远的学生可就地靠墙根趴下避险。在楼房里的学生,遇震时不可跳楼,应迅速找到可以构成三角区的空间躲避或就近躲在桌子旁边。

●室外活动避震要点　在室外,不要乱挤乱拥,可原地不动蹲下,双手保护头部。注意避开高大建筑物或危险物,不要立即回教室。

●实训实习时避震要点　在工厂实习时遭遇地震,如距离车间门较近,应迅速撤至车间外空旷地避震。如距车间门较远,应迅速躲在墙角下、坚固的机器或桌椅旁,同时关闭机器的电源开关。对于生产易燃易爆品和强酸强碱以及有毒气体的工厂,在地震发生的瞬间应迅速关闭易燃易爆有毒有害物品阀门和运转设备,防止火灾、爆炸、毒品外泄等次生灾害发生。

●地震后自救要点　若地震后被废墟埋着,则先要观察四周有无通道或光亮,分析判断自己所处的位置,从哪个方位最可能脱险;试着排除障碍,将双手从压塌物中抽出来,清除头部、胸前的杂物和口鼻附近的灰土,设法保障呼吸畅通,清除压在身上的物体,移开身边的较大杂物,以免再次被砸伤或被倒塌建筑物的灰尘窒息,用砖头、木头等支撑可能塌落的物体。尽量将生存空间扩大,保证足够的空气。然后尽量朝着有光

线和空气清新的地方移动,设法自行脱险。听到人声时,用硬物敲击铁管、墙壁等,发出求救信号。闻到煤气、毒气时,用毛巾、衣服或手等捂住口、鼻,避免吸入烟尘。要保存体力,不要大声哭喊,要积极寻找食物和水,如果受伤,就想办法包扎,尽量少活动,树立生存的信心,积极等待救援。

(二)冰雪灾害预防

●收听天气预报　提前做好准备工作,防寒不好的教室、宿舍应及时加固门窗避寒。

●注意防寒保暖　在严寒中,头、手指、手腕、膝盖、脚踝都是最容易散失体温的裸露部分,这些部位应该充分保暖。应该将毛衣、背心和开襟羊毛衫塞进裤腰里保护腰部。在冰冷刺骨的地带要多运动,只要环境允许就要不停地动。

●应对冰雪天气　如上学路途中遭遇暴风雪,则先要选择干燥背风、向阳的地方藏身,冰雪天气学生上学不要骑车,以防滑倒跌伤。

(三)高温天气预防

●做好防高温准备　高温天气注意收听天气预报,饮食宜清淡;多喝凉开水、冷盐水、白菊花水、绿豆汤等防暑饮品。准备些常用防暑降温药品,如清凉油、十滴水、人丹等。

●室内早晚通风　早晚可在室内适当洒水降温。如在户外工作,则可早出晚归,中午多休息。

●衣着宽大舒适　夏季炎热,衣服以通风透气性好、吸湿性强的织物为宜。外出时的衣服尽量选用棉、麻、丝类的织物,少穿化纤类服装。衣衫被汗液浸湿后要及时更换。皮肤上的汗液要及时擦干,还应注意皮肤清洁,勤用温水洗脸洗澡。出汗后应用温水冲洗,洗净擦干后,在局部易出痱子的地方适当扑些痱子粉,保持皮肤干燥。

●合理安排作息时间　最佳就寝时间是22时左右,最佳起床时间是6时左右。睡眠时注意不要躺在空调的出风口和电风扇下,以免患上空调病。空调温度应控制在与室外温差 5℃～10℃，室内外温差太大，反而容易中暑、感冒。

● 处理高温伤害　晒伤皮肤出现肿胀、疼痛时，可用冷毛巾敷在患处，直至痛感消失。出现水泡，不要去挑破，应请医生处理。

信息链接

报警和维权电话

报警	110
火警	119
急救中心	120
交通事故	122
公安短信报警	12110
水上求救专用	12395
天气预报	12121
报时服务	12117
森林火警	12119
红十字会急救台	999
消费维权投诉电话	12315
物价举报投诉电话	12358
纳税服务热线	12366
劳动和社会保障局	12333
技术监督局质量投诉	12365
环保局监督电话	12369
全国法律服务热线	12348
全国文化市场举报	12318
公共卫生环境投诉	12320
偷税漏税举报热线	96102

话题三　安全使用网络

网络是信息极其丰富的世界,给我们的学习、生活带来便利和乐趣。网络的虚拟化和多媒体化使教学的内容和手段形象、生动。

方法常识

●使用电脑、手机的姿势　使用电脑时,上臂自然放直,前臂与上臂垂直或略向上10~20度,腕部与前臂保持同一水平,大腿应与椅面在同一水平线上,小腿与大腿成90度。应将电脑屏幕中心位置安装在与操作者胸部处于同一水平线上,眼睛与屏幕的距离应为40~50厘米。显示器屏幕位置应在视线以下10~20度,与人的距离为60~70厘米。

使用手机时,屏幕跟眼睛的距离要保持30厘米;不要躺在床上玩手机(这样很难保证手机和人眼间保持适当的距离),手机屏幕上的字很小,人会不自觉地离手机屏幕越来越近;晚上看手机的时候要开台灯,否则容易造成视觉疲劳,损伤视力。

●不要连续使用电脑、手机　连续看电脑或者手机1小时要休息10分钟;每低头或仰头半小时,要做颈部运动,以减轻肌肉紧张度,休息时可进行望远或做眼部保健操;平时多看看绿色植物,经常吃些绿色蔬菜和含维生素A多的水果,如梨、苹果等;眼部问题严重时应及时就医。

●不信网络谣传　遇到网上的一些耸人听闻、比较重大的消息时,要理智对待,先查看主流媒体有没有相关报道,如果有,再检查网上的信息是否存在歪曲或者夸大事实的行为。即便是真的出现突发事件,我们也应该相信有关部门会迅速处理好,切不可通过过激言论,煽动他人,引起不必要的混乱。

●不随意散布虚假信息　不随意在网上散布未经证实或虚假的消息,不要散布对别人有攻击性的言论。利用信息网络诽谤他人,同一诽谤信息浏览、转发达到一定次数的可能会构成诽谤罪。利用信息网络实施辱骂、恐吓他人的可能会构成寻衅滋事罪。不浏览色情网站，不浏览、宣扬色情、淫秽的信息。浏览黄色信息不仅不利于身心健康，而且有可能走上犯罪道路。将黄色信息传播给他人，既是不道德的，也是违法的。

● 不参加网络组织　有些"网络社团""网络帮派"利用网络拉帮结派，异化人的思想，腐蚀人的灵魂，控制并组织涉世未深的青少年集体进行违法犯罪活动。如果已经加入网络社团或帮派，就要保持头脑清醒，及时退出，摆脱其控制，受到其骚扰时，可及时向老师、家长、当地公安机关寻求帮助。

● 慎重结交网友　在网络交友时，应注意增强自我防护意识，不向不熟悉的网友说出自己的真实姓名和地址、电话号码、学校名称、家庭情况等信息，对那些试图得到你私人信息的网友保持警惕，不要轻易相信网友提供的任何信息和承诺；对谈话内容低俗的网友，不要回答，以沉默的方式对待；不要在网上论坛、网上公告栏、聊天室上公布自己的个人信息；不要轻易与网友见面（如果确实需要见面，则应在见面前掌握对方具体身份和详细地址等信息，由其他人陪同，并将见面地点选在公共场所）。

● 不迷恋网络游戏　长期迷恋网络游戏，会导致头昏脑胀、记忆力减退、意志消沉。远离网络游戏可以从以下几方面做起：一是切记游戏仅仅是一种娱乐，游戏中各种各样的目标没有尽头，追求实现游戏中的每个目标只是自找麻烦；二是明确这种游戏平均每周大约需要花费多少时间，充分安排自己的业余时间，去做比上网玩游戏更有意义的事情；三是了解周围熟悉的伙伴中有多少人在玩网络游戏，大家互相监督，共同抑制网络游戏带来的不良影响。

● 坚决摆脱网瘾　网瘾是指由于反复、过度使用网络而导致的一种慢性或周期性的着迷状态，并且带来难以抗拒的再度使用欲望，同时对上网产生生理及心理依赖。一旦自己或者发现身边同学出现这种情况，就应该马上告诉老师和家长，摆脱网瘾可培养自己的兴趣与爱好，转移兴趣点,减少对网络的依赖;同时,在生活中多与人交流,积极参加学校的各项活动。

●坚决远离校园贷 近年来,国家激励互联网金融创新的政策,为互联网金融释放出广大的发展空间,但也让部分打着普惠金融旗号的"网络高利贷"钻了政策的空子。因此出现了很多五花八门的网贷产品,随着3·15晚会曝光,对于p2p、网络贷款平台、吸血贷、校园贷人们有了新的认识。

学生群体如何防止掉入校园网贷的"陷阱"?

1. 严守个人信息 要严密保管好个人证件。学生群体应该注意保护好自己的隐私,防止被心怀不轨者利用,造成个人声誉与利益的损失。

2. 认清正规平台 一定要找正规的平台办理贷款业务。现如今很多金融机构都有专门针对学生群体的助学贷款等项目,当遇到资金问题时,学生群体要加强与辅导员、学生管理部门等的沟通交流,以防不法分子的乘虚而入。

3. 贷款用在正途上 学生应当适度消费,继承勤俭节约的优良传统,提高自身风险意识,不能为了满足眼前的享乐过度消费。

4. 加强防范意识 识别出网贷中的陷阱。部分校园网络借贷平台出于抢占市场和竞争的需要,会隐瞒或模糊实际资费标准、逾期滞纳金、违约金等。而且很多校园网贷平台对申请贷款的学生的审批流程非常简单,在学生填写多项个人信息资料后,主要通过远程视频等途径来确认信息,容易造成信息披露和不文明的催收。

信息链接

计算机使用十戒律

(美国计算机伦理协会)

● 你不应用计算机去伤害别人;

● 你不应干扰别人的计算机工作;

● 你不应窥探别人的文件;

● 你不应用计算机进行偷窃;

● 你不应用计算机作伪证;

● 你不应使用或拷贝没有付钱的软件;

● 你不应未经许可而使用别人的计算机资源;

● 你不应盗用别人的智力成果;

● 你应该考虑你所编的程序的社会后果;

● 你应该以深思熟虑和慎重的方式来使用计算机。

手机使用安全小贴士

六"要":

● 设定PIN码或是开机密码等可以让手机与信息受到基本保护,以防他人在手机中安装恶意软件;

● 安装防病毒软件,如360手机卫士、腾讯手机管家等;

● 定期做数据备份;

● 从官方渠道下载软件;

● 浏览信息时,登录可靠网站;

● 删除乱码短信、彩信,乱码短信、彩信可能带有病毒,收到此类短信后立即删除,以免感染手机病毒。

十"不要":

● 不要理会垃圾短信和骚扰电话;

●不要浏览黑客、色情等危险网站；

●不要使用盗版软件；

●不要存放和发送色情文字或图片；

●不要拨打陌生电话号码；

●不向陌生人开放蓝牙和红外，不用时关闭蓝牙和红外功能；

●不要把手机交给未经授权的服务商；

●不要随意连接未经安全验证的 Wifi，连接开放性的公用 Wifi，会让用户手机中的资料暴露在轻易被有心人士窃取的风险中；

●不要随意用手机扫码，不要轻易通过扫描二维码访问网站；

●不要轻易打开来路陌生的短信或彩信，即使是同事或亲友发来的推荐下载软件或彩铃等短信，也最好事先打电话询问，确定是否安全。

话题四 调控心理情绪

良好的心态是学生自身发展的必备素质，如果处理不好人际关系就会使自己的校园生活很疲惫、尴尬。

方法常识

（一）和谐人际关系

●学会分享 要宽宏大量，不能斤斤计较，懂得分享，与他人互通有无，包括娱乐用品和学习用品等。

●善于交流 不仅要经常与同学交流，而且要善于交流，这样既可以获得他人的帮助，也可以消除生活中的误会。交流时，要把握细节和交流方式，以免造成同学误解。交流的语言要简洁、清楚、连贯，不要让同学产生歧义,不要用伤害的语言恶意侮辱、辱骂同学;不要随意根据同学的相貌、服饰和方言等给同学起"绰号"。倘若同学有不妥之处,则应婉转表达,不要随意指责,损害同学间的友谊。

●尊重同学　尊重同学的生活习惯,勿嘲笑他人的缺点。尊重同学的隐私,不得随意传播,不得随意翻阅和查看他人的笔记、日记、影像等私人物品。尊重同学的物品,在未经他人允许的情况下,不得随意翻动、使用或丢掉他人物品。尊重少数民族同学的风俗习惯。

●积极"走出去"　"走出去"是人际交往的重要渠道,有利于发展和谐的人际关系。职校生要积极参加班级和寝室活动,与同学和谐相处;要积极参加校、系和社团活动,向"学哥""学姐"学习,在活动中寻找与同学交流的平台,为今后工作发展良好的人际关系奠定基础,积累经验。

●乐于助人　乐于助人是中华民族的传统美德,是精神文明的传承。如果自己学习好,就应积极帮助"后进生",传授自己的学习方法,帮助他们答疑解惑,演示实训操作要领。生活上要帮助有困难的同学,在经济或物质上量力给予家庭有困难的同学以帮助。

●合理竞争　要有正确的竞争意识,公平、合理地参与各项竞争活动,要相互取他人所长、共同进步,不采用阴险、歹毒的方法危害竞争对手;要科学地对待竞争结果,不得用优势耻笑对手、伤害对手。

(二)学会心理调适

●树立正确的人生观、价值观和世界观　人生观、价值观和世界观是青少年发展的重要指导依据。职校生入学后应该明确今后发展方向,制定科学的学习计划和职业规划,培养职业情感和职业素养,为升学、就业或创业奠定基础。

●克服心理障碍　职校生要不断地适时调整自己的心态,一要克服来自富裕家庭的优越感,不要认为自己可以凌驾于他人之上;二要克服来自贫困家庭、地域差异、生理缺陷或心理缺陷的自卑感,树立自己的自信心;三要正确分析自己的优点和缺点,要能够展现自己的优势,不要总拿自己的不足之处与他人长处比较;四要养成良好的生活习惯,在日常生活中要保持优良的生活习惯,摒弃不良生活习惯,使自己更自信、自立、自强。

● 不猜忌妒忌　对同学的猜忌和嫉妒,不仅伤害了自己,也伤害了他人。其一,应认识妒忌的危害,不应追逐饮食、服饰及其他消费的档次,不嫉妒他人的才华和优势,不因嫉妒而伤害他人;其二,克服"自私"心理,不要事事以自己为中心、排斥同学,要拓宽心胸、海纳百川。

● 与亲友交流　把自己不开心的事情或烦恼向他人倾诉,可疏解抑郁和压抑的心情;遇到自己无法解决的问题也可向同学、班主任、生活辅导员或其他老师诉说,共同分析问题,寻找解决方法。在学习枯燥的专业课程中,不懂的问题可主动找专业老师沟通,寻求帮助。如果心情郁闷的同学向你诉说,则要耐心聆听,积极疏导,共同探讨解决办法。

家庭是我们温暖的港湾。当我们遇到困难或不愉快时,应向父母倾诉,以减缓压力,调节情绪。

● 寻求疏导和帮助　当心理障碍难以逾越时,可向学校心理咨询机构咨询,把心声向咨询老师吐露,取得疏导和帮助。也可以听音乐、深呼吸、参加体育活动、操场散步,还可以去游览恬静的山村等让烦躁的心情慢慢平静下来。

(三)控制不良情绪

● 树立积极人生态度　当一个人的不良情绪不能尽情地发泄时,会郁郁寡欢、闷闷不乐。有时一些悲观的情绪带给自己的只是烦恼。树立正确的人生观、价值观、世界观,保持乐观的人生态度,会有意想不到的结果。

● 排解不良情绪　人的情绪同时也受环境的影响,所以选择一个好的环境也很重要。例如:安排聚会与朋友在一起,还可以一起去踏青、爬山、旅行,和朋友一起欣赏沿途的风景。

● 学会幽默　幽默能够使人更加容易融入人群,从而让自己树立自信。

● 全面看待问题　人们在情绪失控的时候,对事情的看法往往是片面的,这时,我们应冷静下来,控制好情绪,换位思考,全面地分析事情。

(四)与同学和谐相处

●每日三省吾身　如果你在寝室生活中感到比较孤独,就必须要反省了,是不是"以自我为中心",凡事只顾及自己,不为别人着想,对他人不关心,不愿与人分享等。一些看似很小的事情,久了也会伤害同学的感情,要想与同学友好相处,就应该勿以善小而不为,勿以恶小而为之。凡事为他人多做考虑。

●学会大度和宽容　人无完人,金无足赤。每个人都有其缺点和优点,重要的是正确地看待,分析他人的优缺点,取人之长、补己之短。集体生活中不要为了些鸡毛蒜皮的小事而大发脾气,对于同学不良的生活习惯,不妨开诚布公地跟他谈谈,同时,对于他人的建议也要虚心听取。

(五)学会交友

●树立自信　交际能力是可以培养的,一个性格内向的人也完全可以在交际上做得很出色。要对自己有信心,鼓励自己大方待人,不要紧张,放松一点,正常与人交流。在与同学交往中,需要的是敢于与人交谈,要昂首挺胸地迈出自信的步伐。

●待人和善　交际交友重要的是多为别人考虑,对人要开诚布公、坦诚相待,让别人感受到你的诚意,言行一致,可以很好地让别人了解你。如果你为人谦虚、待人和善,那么没人不想和你交流和做朋友。

●相互信任　信任是交友的基础,没有信任的交际,就会让人变得焦虑、多疑、恐惧。对人信任,是一种良好的心理品质,相互信任,距离会越拉越近,感情会越来越浓厚。

●学会赞扬　每个人都有自尊心,而人最迫切需要的就是自己被尊重。与他人交谈时,要学会赞美他人,真诚的赞美可以让他人振奋精神、恢复自信。同时,学会观察周围人的优点长处。

●慎重交友　交友要交有益的朋友,远离有害的朋友。孔子说:"益者三友,损者三友",有益的朋友有三种:正直的人、诚信的人、知识广博的人;有害的朋友也有三种:谄媚逢迎的人、表面奉承而背后诽谤的人、善于花言巧语的人。

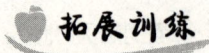
拓展训练

一、和谐人际关系训练

结合校园热点,组织一场辩论赛。丰富学生的课余生活,让学生学会与人交往、语言表达、控制情绪。

拓展目标:

通过辩论赛,训练学生如何发展和谐人际关系和交友交际。

拓展方法:

先按辩论题目分小组,后由学生小结,最后由老师总结。

拓展过程:

1.老师或学生结合时事热点,拟定辩论题目。

辩论参考题目

(1)校园内,班级某同学爱上网,不愿意和同学交流,与同学关系僵硬。在同学的多次帮助下,该生仍然我行我素。对此种情况,你认为应该怎么去作交流?

(2)有些学生经常在网络上看武侠剧、情感剧等,甚至模仿剧中人物性格,认为很有"个性",并把"个性"带入校园生活。你认为校园生活应该培养这种"个性"吗?

(3)有人认为朋友是快乐的源泉,是校园生活的绿色之洲。俗话说:"朋友多了路好走。"因此,校园生活中出现了很多老乡会、同学会。有人认为朋友多了,不仅影响学习,还影响自己的生活,只交几个知心朋友就可以了。那么,我们应该广交朋友,还是就交几个知心朋友呢?

2.根据拟定的辩论题目,将学生分组,设正方与反方。

3.要求学生组织材料,语言表达清楚、简洁,观点鲜明,具有说服力。

4.老师针对新生的辩论发言,总结交际交友、语言表达、情绪控制的方法和要求。

二、生活中的安全知识交流

拓展目标:

每位学生说说自己生活中遇到的安全事件、个人体会和经验。

拓展方法:

先分小组说,再进行全班交流。

拓展过程:

1.先分小组。

2.小组内成员互相说一说:你曾经经历了哪些安全事件,得到了哪些方面的体会和经验。

3.每小组派一名代表到讲台上给大家说一说。

4.小结:老师针对新生的发言,总结学习生活中应当注意的安全常识。

三、培养良好的上网习惯

拓展目标:

每位学生说说如何养成良好的上网习惯。

拓展方法:

先分小组说,再进行全班交流。

拓展过程:

1.先分小组。

2.小组内先互相说一说:应该怎样养成良好的上网习惯?

3.每小组派一名代表到讲台上给大家说一说。

4.小结:老师针对新生的发言,总结养成良好上网习惯的方法和要求。

第五讲 学习与要求

学习是指通过阅读、听讲、思考、研究、实践等途径获得知识和技能的过程。狭义的学习指通过阅读、听讲、思考、研究、观察、理解、探索、实验、实践等手段获得知识或技能的过程,是一种可以使个体发生持续变化的行为方式。例如通过学校教育获得知识的过程。广义的学习是人在生活过程中,通过获得经验而产生的行为或行为潜能的相对持久的行为方式。

学习是一种习惯,是一种生活方式,也是一个持续发展的过程。学习可让我们与众不同,学习会让我们充实和快乐,也让我们不断成长和进步,去迎接未来的困难和挑战,开拓绚丽多彩的新世界。

导读感悟

职业院校的学习能力主要包括注意力、观察力、思考力、应用力、自觉力、记忆力、想象力、动手力和创造力等。

第五讲 学习与要求

典型案例

中考选择的是职业学校,但3年后不用参加高考也可升入普通二本院校,这样的学习模式名为"3+4"。近期,南京高等职业技术学校召开2014级"3+4"项目班家长会,85名学生中31名拿到奖学金,其中最高奖学金5000元。据悉,明年南京高等职业技术学校"3+4"项目再酝酿增加1~2个专业,这样会增加更多的招生人数。

2014年起,南京高等职业技术学校"3+4"项目正式招生,不少中考成绩达到重点高中分数线的考生也选择该项目,考生最高分达到660分,最低分615分。记者了解到,该校"3+4"项目学生前3年在职业学校学习,之后通过"转段考试",升入金陵科技学院相关专业。整个7年的培养计划,由中职学校与本科院校共同制定,前3年已经渗透本科的学习内容,高校也会派教师到职校来任教。南京高校有关人士告诉记者,越来越多的家长开始认可这个项目。学生在职校不仅能学到专业理论、专业技能,还能打好文化知识的基础。因为未来转入本科的转段考试,对学生的文化知识、专业理论和专业技能都要进行考核,在学校打好基础,可以非常顺利地通过考试。

(资料来源:新华网《南京四所职校试点3+4项目,不用高考就能读本科》)

据东方网消息:记者在人才交流洽谈会采访发现,企业为防止人才"折旧",而更加青睐学习型人才。那些毕业于名牌大学或经验丰富的人并不像往常那样吃香,很多用人单位与求职者面谈时首先询问他们的业余学习情况,对其工作经验是否丰富或毕业学校是否知名显得并不在意。有些面试官不是首先询问求职者学历或是工作经验,而是询问对方业余时间是否学习,以及学习的速度如何。

话题一 学习有关建议

职业院校的课程结构、培养目标、教学模式、培养模式等特点决定了其与普通初中学习的不同,明确这一点,早作准备,才可以更快、更好地适应职业院校的学习。

方法常识

(一)了解学习的课程

●认识公共基础课实用价值 公共基础课程中的德育课,语文、数学、外语(英语)、计算机应用基础、体育与健康、公共艺术课等必修课,学生应达到国家规定的基本要求。物理、化学、生物等课程,也作为公共基础课被列为必修课或选修课。职业院校新生要充分认识到公共课的实用价值及对自己的意义,部分实用性强的公共课(例如外语)要当成专业课来学习。

●明确专业技能课学习目标 专业技能课程的任务是培养学生掌握必要的专业知识和比较熟练的职业技能,提高学生就业、创业能力和适应职业变化的能力。

不同专业的学生有不同的专业课。学习专业课,要求紧密联系生产实际和社会实践,注意与相关职业资格考核要求相结合。

●掌握实训实习课要领 实训课是职业院校技能课程的重要组成部分之一,是将理论转化为技能的过程,是提高动手能力、创造能力及独立工作能力的有效途径。上实训课关键在于掌握要领,能否上好实训课直接影响学生能否就业或就业以后能否胜任岗位工作。上好实训课应注意以下几条要领:

1.**安全第一** 在整个实训过程中,要听从指挥,规范操作,增强安全意识,在保证人身与财产安全的前提下训练技能,提高水平。

2. 以练为主　所有实训课都应当多练、多做,只有通过不断训练,才能掌握技能。

3. 注意效率　在实训过程中应充分利用时间,尽量减少原材料消耗,尽最大努力,提高实训效率,争取在最短的时间内、最少的消耗下,掌握更高的技能。

4. 主动创新　在严格遵守操作规程的前提下,应认真模仿,大胆尝试,掌握技术要点,攻克操作难点。要用心动脑,主动创新,提高效率、效益,争当技术能手。

(二)重视选修课的作用

●选修课不是"捞取"学分　职业院校开设公共基础选修课和专业技能选修课可以让学生开眼界、长见识,扩大自己的知识面和专业面。选修课的学习要求与必修课相比不太严格。要杜绝为了"捞取"学分选修某些课程,"选而不修"的现象。

●不限于自己的专业　为拓宽学生的就业或升学渠道,很多职业院校支持学生辅修第二专业。有的学校会在第二年给学习有能力的学生重新选择专业的机会,有的学校在学生学完两年基础课时再细分学科大类之中的专业攻读方向。学生们可以根据自己的实际情况和学校的条件作出选择。

话题二　讲究学习方法

正确的方法是成功的三要素之一,如果只有刻苦努力的精神,没有正确的方法,那么也是不能取得成功的。法国的物理学家朗之万道出了学习方法的重要性:"方法的得当与否往往会主宰整个读书过程,它能将你托到成功的彼岸,也能将你拉入失败的深谷。"

方法常识

其实，职业院校的课程并不好"对付"，在毫无准备（预习）的情况下听老师讲课，顶多只能理解简单的东西，想要做到彻底理解也有一定难度。

课堂（理论教学与实践教学课堂）学习过程主要包括预习、听课、复习、作业等多个环节，只有合理把握，才能收到良好的效果。

大部分职业院校都建设了教育教学资源平台，职校生可通过网络学习微课、慕课、雨课堂等平台的专业学习内容，提高学习效果。

（一）做好预习准备

● 认识预习的重要性　很多同学只重视课堂上认真听讲，课后完成作业，而忽视课前预习。课前预习可以扫除课堂学习的知识障碍，提高听课效果；还能够巩固已学的知识，最重要的是能发展自学能力，减少对老师的依赖，增强独立性。

● 通读新内容　学新课前，最好先把教科书通读一遍，在不甚了解的地方作个记号，上课时就针对这些疑点认真听讲或提出问题。然后，研究课后的问题或习题，尝试将它们解答出来，上课时再将答案与老师讲解的正确答案对照。接着，运用参考材料，将后面几课没有学过的内容再进行一次预习，能做到这一步，不仅会增加预习的兴趣，还会提高预习的效率。

● 温故而知新　自己在预习过程中会遇到许多不明白的地方，可立刻回过头复习以前相关的部分，所以"预习"本身就包含了大量的"复习"因素。同时，预习也可以加强新课课堂笔记的针对性，改变学习的被动局面。

教学研究证明：不预习的话上课能听懂 50%～60%，而预习后能听懂 80%～90%。

（二）积极主动听课

● 集中注意力听课　集中注意力听课是非常重要的，上课听讲一定要把老师在讲课时的思维方法理解清楚。一般可从这些方面思考：教材的重、难点在什么地方，老师为什么这样处理教材，老师讲的自己是否真正懂了，老师讲的与自己想的有什么不同。上课时如果心不在焉，则必定"视而不见、听而不闻、食而不知其味"。

有一些学生认为，上课听不懂没有关系，反正有书，课下可以看书；有这种想法的同学，听课时往往不求甚解，或者稍遇听课障碍，就不想听了，结果浪费了课上的宝贵时间，增加了课下的学习负担，这也是一部分同学学习负担重的重要原因。

●听课要做到"五到" 这就是指耳、眼、口、手、脑都要动起来，多种感觉器官并用，多种身体部位全部参与，获得综合的、立体的感受。耳到：听老师讲，听同学发言、提问，不漏听、不错听；眼到：看课本，看老师的表情、示范，看展示、板书，看优秀同学的反应；口到：口说，包括复述、朗读、回答问题；手到：做笔记、圈重点、批感想、做练习；脑到：动脑筋，心力集中、积极思维。

●带着问题听课 真正的"上课"，就是把自己事先学过或思考过，但又不怎么理解的问题，放在课堂教学的有限时间里去求得解答的过程。所以要带着问题去听课，边听边思考，发现不懂的问题记录下来，待下课后再思考或再请教同学、老师。在由被动转化为主动的过程中,逐步加深对知识的认识和理解。以思促听,能知其然也能知其所以然。

●抓住重点听课　听课时要跟着老师的思维走,通过听老师讲解,弄懂每一个知识点和技能点中的概念、定义、定理、公式、操作要领和技术关键,而不应死记硬背。跟老师的思维目的是抓重点,更重要的是抓自己个性化的重点,抓自己预习中不懂之处。当堂没听懂的知识应当堂问懂、研究懂。只有不断在老师点拨指导下解决学习中的问题,才能逐步提高自己的学业水平。如果在每节课前,学生都能自觉要求自己"力求当堂掌握",那么听课的效率就会大大提高。

●做好课堂笔记　无论书写速度多么快的人,都不可能把老师所讲的话全部记录下来,这就必须借助符号帮助自己记录,课堂笔记不可能也没必要全盘记录。只需记重点、记难点。可在重点语句下打着重号、波浪线或加三角号,疑难问题可打问号,只要自己懂得、自己习惯用的各种有利于记忆的符号都可运用。

(三)做好复习工作

●及时复习　及时复习的优点在于可加深和巩固对学习内容的理解。有研究证明,识记后的两三天,遗忘速度最快,然后逐渐缓慢下来。因此,对刚学过的知识,应及时复习、"趁热打铁"。可先把课堂上学过的内容重新温习一遍,然后把课堂上学过的重点整理在笔记本上,这并不需要花费太多时间。忌在学习之后很久才去复习,这样,所学知识会遗忘殆尽,就等于重新学习。

●巩固练习　巩固练习是提高学习效果切实可行的好办法。复习好当天的所学内容后,应及时做作业进行巩固练习或实践训练。知识有没有记住,记到什么程度,技术掌握了没有,能否应用,应用的能力有多强,这些学习问题,都要在做作业和实践时通过应用才能得到及时检验。实际上,不少同学正是通过做作业,把容易混淆的概念区别开来,公式的变换更灵活,操作技术更熟练。所以说做作业促进了知识的"消化"过程。

作业题和实训题一般都是经过精选的,有很强的代表性、典型性,应定期分类整理,作为复习时的参考资料。此外,抄袭作业是对自己极不负责任的行为,应该坚决予以避免。

(四)认真应对考核

教育管理部门或职业院校会对学生的学业组织考核,考核除纸笔形式外,还会根据测试内容需要,采用计算机上机考试、实践技能操作或面试等形式。下面主要介绍学生应对纸笔考核时需注意的问题。

● 浏览试卷　接到考卷后,先写好名字、考号等,然后用两三分钟的时间大体上浏览一下题目,主要是看题目类型,区分难易,做到心中有数。

● 认真做题

1. 认真审题　审题要做到:一不漏掉题;二不看错题;三要看准题;四要看全题目的条件和要求。要细而又细、"咬文嚼字"、反复推敲。尤其是看较容易的题目时,更要字字认准、句句看清、严防错觉。有些题目似曾相识,但要严防疏忽大意造成错漏。

2. 先易后难　开始考试,先做自己有把握的"小题",增强自信心,待心情逐渐稳定、智力活动恢复常态,再做较难的题。"容易题,容易错"。在容易题上得分与失分往往就在于仔细与不仔细。难题对你难,对别人也同样难。遇到难题一时做不出来,做个记号,留在最后做。做难题时,要注意回忆基本概念、公式、定理、老师在课堂上的分析和老师教给的解题方法。如果想不起来,就先放一放。遇到想不起来的题,不要冥思苦想,把此题放一放,先去做别的题目,有时遗忘的内容会突然"再现"。如果回过头再想仍然想不起来,则可以想一想与遗忘内容相近的知识或有联系的事情,通过联想,使问题得以解决。

3. 先思后写　力求一遍成功。答题时应认真仔细,力求一次成功。不能总想着"反正要检查"。调查表明:绝大部分同学的检查都查不出真正的错误。

4. 抓住要点　宁简勿繁。在答没把握的题时,首先要分清此题包括几个要点,依据要点,简略概括。

5. 学会打草稿　计算题和应用题少不了要打草稿,有经验的学生总是把草稿纸折叠分成几个板块,按题目番号排列,各题草稿间界线分明。既不会误抄、遗漏,又为检查提供了方便。

6. 运筹时间　在正常情况下按时间的多少安排,步步为营、稳扎稳进。如果因意外,出现时间少、试题多、无法正常解题的情况,则不妨采用应急的方法:对题目只做提纲式简要阐述,不作详细阐述,以便不留下空白题目。

●细心检查　检查是每次考试都不应忽视的一个环节。检查要求冷静,从原有的思路中解脱出来,从当事者变为旁观者,对试卷作仔细审查。检查的目的在于尽量避免失误分。检查时要注意三点:一是重新审题,审题不细心是造成失误分的主要原因;二是检查关键点,实际上,一道题只有两三个关键点易失分;三是还要检查是否有漏题现象。

话题三　提高学习效率

学习效率的高低,是一个学生综合学习能力的体现。进入社会后,我们还要在工作中不断学习新的知识和技能,这时,学习效率的高低则会影响工作成绩,继而影响事业和前途。因此,在职业院校养成好的学习习惯,提高学习效率,对学生一生的职业发展都大有益处。

方法常识

(一)养成良好的学习习惯

叶圣陶说过:"教育就是培养习惯。"学习习惯是在学习过程中经过反复练习形成并发展,成为一种个体需要的自动化学习行为方式。良好的学习习惯,有利于激发学习的积极性和主动性;有利于形成学习策略,提高学习效率;有利于培养自主学习能力、创新精神和创造能力,使其终身受益。

●按计划学习的习惯　学生在学校的主要任务是学习,同时还有劳动、文娱活动、体育活动、社团活动等。学生应该有个比较全面的学习计划,并按计划进行学习的习惯。计划可以调整,但不可放弃。计划应该包括每天的时间安排、考试复习安排和双休日、寒暑假安排;计划要简明,什么时间干什么,达到什么要求,这样的学习就会有的放矢。

●讲求学习效率的习惯　有些同学平时看书、写作业,心不在焉,算算时间倒是消耗很多,但效率不高。其原因就是没有形成专时专用、讲求效率的习惯。学习,速度、质量应该并重,在规定时间内,按要求完成一定数量的任务。我们应该记住,一旦你坐到书桌前,就应该进入适度紧张的学习状态。每次学习之后,要评价自己学习的效率如何。坚持下去,就能形成专时专用的好习惯。做到该学时学,该玩时玩。

●善于思考的习惯　学习,最忌讳一知半解。要想学习好,就必须养成独立钻研、善于思考、务求甚解的习惯。学习最忌死记硬背,不论学习什么内容,都要问为什么,这样学到的知识似有源之水、有本之木。应学会站在系统的高度把握知识。很多学生在学习中习惯于跟着老师一节一节地走、一章一章地学,不太注意章节与学科整体系统之间的关系。随着时间推移,所学知识不断增加,就会感到内容繁杂、头绪不清,记忆负担加重。事实上,任何一门学科都有自身的知识结构系统,从整体上把握知识,学习每一部分内容都要弄清其在整体系统中的位置,这样做往往使所学知识更容易把握。

●自学钻研的习惯　自学是获取知识的主要途径。就学习过程而言,教师只是引路人,学生才是学习的真正主体,只有自己努力,学习效率才能真正提高。学习中的大量问题,主要靠自己去解决。

学习中应当培养的优良习惯还有许多,诸如有疑必问的习惯、有错必改的习惯、动手实验的习惯、细致观察的习惯、积极探究的习惯、练后反思的习惯等。只有养成了良好的学习习惯,学习才会变得轻松,学习的效率才会不断提高。每位学生都应认真地作一次反思,看看自己的学习习惯究竟如何。

(二)提高自己的学习效率

学习效率是学习的投入和产出比。其中,学习的投入是指学习者在学习过程中所付出的所有代价,包括学习所花费的时间和精力;学习的产出是指学习的熟练程度和学业的水平,尤其是学生们通过学习所获得自身素质的提高。

● 明确学习目的　学习目的是学习的动力,目的越明确,越有利于学习成绩的提高,也有利于学习兴趣的培养。一个人做任何事情都要首先弄清楚为什么要这样做,在没弄明白其中的道理之前,不应盲目行动,学习也不例外。

● 弄懂学习内容　懂了并不代表你会了。学生们上课听老师讲解听懂了,阅读教科书读懂了,只是明白了其中的道理,或者只是表面上明白了其中的道理,若要自己独立再复述一遍,则不一定能做到。许多学生学习之所以费力,成绩上不去,主要是一开始对概念的理解不重视,课后只是为了完成老师布置的任务去做作业,满足于一知半解,完成作业即完事大吉,随着学习的深入,就感到越来越吃力。还有,许多学生常常满足于听懂了、看懂了,很少再动手去做几遍,不注意课后的复习与练习,日积月累,问题逐渐增多,等想学了,才发现为时已晚,学不会了。

● 应用所学知识　想考一个好成绩或熟练掌握技能,只完成规定的作业是不够的,还要多做练习。只有做大量的习题或实训,才能融会贯通。加大练习量,并不是搞题海战术或单调实训,而是在学习过程中,对学习的内容加深理解的必要步骤。如果只是为做题而做题,为实训而实训,则不仅达不到做题的目的和效果,而且没有那么多时间。此外,做练习和复习的过程,是对学习内容加深理解的过程,每做一道题和每一项实训,都要想想用的是哪一个概念、哪一条定理、哪一个公式,解题和操作的步骤是什么,先做什么,后做什么,再做什么,这样才能举一反三、事半功倍。

● **养成认真习惯** 许多学生平时学习还不错,但在考试、实操或技能大赛时常常由于马虎出错而丢分,所以总得不到高分。粗心大意、马马虎虎是一个非常不好的习惯,对于学生来说,就是该得的分丢了,拿不到好分数。更为严重的是,如果不注意及早改正,将来在工作中出了差错,就会给国家、集体和个人造成重大损失和严重后果。

认真、仔细不仅是做完题目或实操实训后要认真检查,而且要养成争取一次就做"对"的习惯。考场和技能大赛的赛场上常常是根本没有时间让你检查。平时养成认真仔细的习惯,不仅可以提高考试成绩,还可以为你节约许多学习的时间,使你提高学习的效率。更重要的是,好习惯将会伴随你的一生,给你带来许多意想不到的好处。

● **领悟学习所得** 悟,就是学有所得,在学习的过程中,经过反复思考,形成自己独特的见解。我们在学习时,不仅要接受前人总结的知识和经验,更重要的是要加入我们自己的想法。如果你能把这些从不同的角度观察总结出来的知识连接起来,形成一个整体的概念和轮廓,从而找出其中的规律,形成自己的观点,那么这些知识就变得简单了,题目就变得容易了,而这个寻找规律的认识过程,就是悟的过程。悟的过程贯穿于整个学习的过程之中。因此学习时,应是一边思,一边悟,积小悟为大悟,积浅悟为深悟。提高学习效率,进而提高学习成绩。

信息链接

影响学习效率的部分因素

1. **学习者身心状态** 学习者的学习态度、学习目标、学习动力是影响学习效率的决定因素。如果学生学习目标明确、学习态度积极主动、有正确的学习观念,则在学习过程中必定会全身心地投入。

2. **学习手段** 学习手段是为达到某种学习目的而采用的方法和措施。采用一定的学习手段,对学习效率的提高有重要影响。"得法者事半功倍,不得法者事倍功半"。现代化的学习手段和工具如收音机、电视机等是人的感觉功能的延伸,计算机、网络是人的思维器官的延伸。借助它们有利于提高学习效率。

3. 学习环境　人总是生活在一定的环境之中。良好的学习环境,对学习效率有着重要的影响。学习环境包括:桌椅,照明条件光线是否充足,学习场所的颜色、温度和湿度、噪音等。

4. 学习方法　学习效率的提高在很大程度上取决于学习主体对学习方法的选择与运用。学习主体学会遵循学习规律,依据具体情况,灵活选择和运用学习方法,久而久之就转化为学习能力,保证学习活动的有效实现。学习者应不断改善学习方法,完善学习机制和学习艺术、技术。

5. 学习压力　学习压力既有来自外部的,也有来自内部的。在面临巨大的外在压力时,学习者应学会对压力进行调节,将压力转化为自我学习的动力,可从给自己的学习定目标、定方向、定任务或与他人比较等方面给自己加压。此外,学习者更应以自我超越的目标来激发自身内在的学习动力。

话题四　提升素质能力

职业教育的目标是提高准劳动者的综合素质,提升综合素质的目的主要是提升职业能力。这里所说的"职业能力"是所有职业所需的共性、通用的能力。例如:正确的思想品德、基本的科学文化素养、适应社会需要不断学习的能力;独立获取职业知识、发展自己的职业能力;正确处理各种关系、充分地表达交流问题的能力;健康的身心素质;良好的竞争意识和创新能力;健全的社会责任感和环境适应能力;熟练的岗位工作能力等。这种在任何岗位都应具备的职业能力,也是受教育者职业生涯全面、协调、可持续发展的有力保障。

方法常识

(一)技术技能型人才与高素质劳动者的要求

●具有良好的职业道德　道德和知识组成了人生的坐标系,道德素质好比横坐标,知识水平好比纵坐标,人生的起点就好比坐标原点,如果道德素质呈负数,则越有知识,对社会的破坏性就越大。被社会承认的人才,必须是为社会发展作贡献的人。所以,没有良好职业道德的人,无论有多少知识,都不是高素质技术技能型人才。

●具有专业知识与实践技能　所谓"高素质技术技能型人才"绝不是全才,而是具有某一专业的基础知识和实践经验的人才。知识是成为人才的基础,作为某一方面人才,首先应具备那一方面专业的基础知识。如果仅有书本知识而缺乏实践经验,或者仅有实践经验而缺乏系统性的专业知识,都不可能成长为高素质技术技能型人才。

●具有适用的工作岗位　任何人都只有在适用的工作岗位上才能充分发挥作用,离开了适用的工作岗位,任何人都很难成为人才。强调适用的工作岗位,不仅是要求用人者从用人所长的角度考虑问题,也要求被使用者积极主动地去适应既得的工作岗位,这是成为人才不可逾越的一步。

●具有高度的责任感 责任感是对一般工作人员的起码要求,对人才的责任感要求应该更高。许多人自恃为人才,不注重对自己的责任感要求,大事做不好,小事又不做,找不到适用的工作岗位,知识得不到应用,作用得不到发挥,只有怨天尤人。高度的责任感,是一个人的本质表现,不需要任何客观条件和外力的作用,就应该自觉积极主动地表现出来。

●具有强烈的事业心 人的生命是宝贵而短暂的,在这短暂的时间里,要掌握大量的专业系统的知识,要争取到适用的工作岗位,没有强烈的事业心,是很难成长为人才的。只有具备了强烈的事业心的人,才可能有只争朝夕、坚忍不拔、百折不挠、兢兢业业、精益求精、一丝不苟的敬业精神,才可能在平凡的工作岗位上,作出不平凡的业绩。

(二)如何成为一名技术技能型人才和高素质的劳动者

●道德高尚 "做事先做人"。道德,就是做人的规矩,是用来调整人与人之间、个人与社会之间相互关系的行为规范,它是一种精神财富、无形的东西。一个人道德的高尚,主要看他是不是诚实守信,有无崇高的人格,是否得到别人的信赖和支持。除此以外,还有勤劳和对待金钱的态度等。自古以来,真正有骨气的人,他的德行一定很高,用自己的双手去劳动、去创造、去获得财富,他们的成功就是从自己的道德开始的。

●加强学习 学习是一辈子的事情。要提高自己的综合素质,就必须加强学习。在学习时间上要善于"钻空子",要利用一切时间学习,探索解决问题的新途径和新方法。在此基础上,要拓宽学习的内容,不但要学习专业知识,也要学习法律、法规,而且要学习经济知识、人文历史知识、科技知识、现代办公技术等,实现由"单一型"向"复合型"的转变。

●善于思考 一个人要高效率、高质量地学习,就必须善于思考,要有明确的思路和科学的方法,从多个角度进行考虑,选出一种最优的学习方法。"择其善者而从之,其不善者而改之"。要增强比较意识,做到在比较中识别长短,在比较中鉴别优劣,在比较中开拓创新。一方面,要做好"纵比",也就是要把自己的今天同昨天比,现在同过去比,看自己工作做得怎么样,都有哪些变化,有哪些进步,有哪些需要改进的地方。另一方面,要做好"横比",要善于把自己放在一个更广泛的范围内进行比较,通过比较学习和借鉴别人的经验,做到"以人为鉴,而知得失"。

●日积月累 "日日走能行千里,时时学能破万卷"。要注意在平时学习生活中点点滴滴的积累,要像电脑一样不断贮藏各类信息,一旦需要的时候,就能很快"调得出""用得上"。做到厚积薄发,途径主要有两条:一是直接积累,就是通过自己在学习生活中,不断积累经验;二是间接积累,就是通过书本、网络等多种途径,广泛涉猎新知识,扩充自己的知识储备。不管是哪一种积累,都要按照"去粗取精、去伪存真、由此及彼、由表及里"的方法,善于进行提炼,从中找到最优的资源,发挥最大的效益。"吃一堑、长一智"。总结既是学习的重要环节,也是学习的综合、分析、归纳、概括、提炼的过程,更是发现问题、研究问题、解决问题的过程。

信息链接

劳动者素质和职业能力

1.劳动者素质 素质是个体稳定的内在品质。劳动者素质是指劳动者在一定生理和心理条件基础上,经过教育、劳动实践和自我修养等途径形成和发展,在生活中发挥重要作用的内在基本品质。一个国家的劳动者素质,代表着这个国家的经济实力和生产力水平。

劳动者素质主要包括良好的思想道德素质、基本的科学文化素质、过硬的专业技能素质和强健的身体心理素质等。

劳动者综合素质是指一个人的知识水平、道德修养、各种能力(人的适应能力、生存能力、组织能力、文字表达能力、社交能力、实践能力)以及在体育、文艺、语言等方面的综合素养。人的综合素质的全面提高是社会发展的一般要求和趋势。

2.职业能力 职业能力是人们从事其职业的多种能力的综合。它可以被认为个体将所学的知识、技能和态度在特定的职业活动或情境中进行类化迁移与整合所形成的能完成一定职业任务的能力。

职业能力主要包含三方面基本要素：一是为了胜任一种具体职业而必须要具备的能力，表现为任职资格；二是指在步入职场之后表现的职业素质；三是开始职业生涯之后具备的职业生涯管理能力。

职业兴趣或许能决定一个人的择业方向，以及在该方面所乐于付出努力的程度，那么职业能力则能说明一个人在该职业中取得成功的可能性。

拓展训练

谈谈你的学习方法

拓展目标：

组织学生总结交流学习方法，讨论如何提高学习效率。

拓展方法：

组织学生反思、总结自己的学习方法；上网收集、学习别人的好的学习方法。

拓展过程：

1. 课前

将班级学生分若干小组，教师布置任务：

(1) 总结、反思自己在初中成绩不理想与学习方法有何关系。

(2) 上网查找、学习别人介绍的好的学习方法。

2. 课中

(1) 小组内讨论、交流总结学习成绩与学习方法的关系。

(2) 每小组派一名代表到讲台上给大家说一说。

(3) 小结：老师评价、总结、补充新生的发言。

3. 课后

完成作业：读一本书（关于如何提高学习效率、掌握正确学习方法等方面的书）。

第六讲 知识与技能

职业教育是使受教育者获得某种职业技能或职业知识、形成良好的职业道德、满足从事某种社会生产劳动岗位需要而进行的一种教育活动。几乎所有用人单位都青睐具有良好的职业道德、职业精神并掌握一定的专业知识与技能的技术技能型人才和高素质劳动者。

导读感悟

知识是人类进步的阶梯。没有知识，人的能力就没有必要的基础。所以，扎实的知识功底、广博的知识视野和合理的知识结构都是教育所追求的重要目标。

学会学习，掌握高效学习的方法，树立终身学习的理念是每一位当代青年应当具备的素质。

有人做过统计，20世纪中期，人类知识总量每隔5～7年就翻一番，现在每隔2～3年就翻一番。当今时代，是终身学习的时代，忽视知识的不断更新，必然会落伍。

技能主要是指对某项活动、方法、流程、程序、技术或技巧的理解程度和熟练程度，对专业知识以及对相关设备、工具和规章的熟练应用，这是成为高素质劳动者和技术技能型人才的主要内容,更是顺利就业的条件之一。拥有一技之长才能走出人生天地宽,才能实现梦想,才能打造自己的出彩人生。

典型案例

2018年1月8日,在国家科学技术奖励大会上,中国航发沈阳黎明航空发动机有限责任公司车工、高级技师洪家光带领团队研发的"航空发动机叶片磨削用滚轮精密制造技术"获得国家科学技术进步奖二等奖。这一年,洪家光39岁,是获奖者中最年轻的一位。

从技校毕业生到国家科技进步奖获得者,并享受国务院政府特殊津贴,此外还有几十项荣誉的璀璨光环同时闪耀在他的头上,普通车工洪家光的成功着实令人敬佩与感动。

洪家光为什么能够取得如此辉煌的成就?原因就在于他是一位乐于钻研的"有心人",而且是一位痴迷磨刀技术的"洪疯子",当然更在于他与生俱来的那种忠于岗位、一丝不苟、精益求精的工匠精神。作为一名技校生,洪家光从不气馁,也从未自惭形秽,而是扎根一线,踏踏实实地从一点一滴入手,痴迷学习,刻苦钻研,磨练技术。老百姓常说,世上无难事,只怕有心人。在洪家光这个乐于钻研的"有心人"面前,再多的困难其实也都早已经变成了激励他奋发图强的不竭动力。这是每一位成功者的必由之路。

话题一 知晓学习特点

走进职业院校校园,同学们将会经历与义务教育阶段不同的学习生活,既要学习文化基础知识,又要学习专业应用知识和操作技能。

第六讲 知识与技能

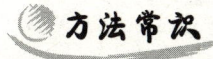
方法常识

(一)职业院校的学习要点

●**职业院校的学习特点** 一般认为,学习其实是一种使我们的工作、生活可以得到持续变化的行为方式,也是获得知识、形成技能的过程。毛泽东说:"读书是学习,使用也是学习,而且是更重要的学习。"职业院校的学习与普通高中相比,有着许多不同的特点。

表6-1 职业院校学习与普通高中学习比较表

项 目	普通高级中学	职业院校
学习目的	主要为升学打基础	为就业作准备,也为升学打基础
学习课程	主要是文化基础课程	不仅学习文化课,更要学习专业课(包括实习课)
学习场所	主要在学校课堂	不仅在学校课堂、实训基地,而且在企业车间等
授课教师	主要是学校教师	不仅有学校教师,还有来自企业的兼职教师及指导教师
学习方式	主要是教师授课	教师授课、专业实训、顶岗实习,在做中学、在学中做
学习时间	主要由教师安排	学习时间选择的自由度加大,不需要加班加点
评价主体	主要是教师、学生	教师、学生、实习企业指导教师等
评价方式	主要是考试、考查	不仅有考试、考查,更有实训、实习等实践考核方式
学习成果	毕业证书	毕业证书+职业资格证书

●**职业院校的学习方法** "授人以鱼不如授人以渔,授人以鱼只救一时之急,授人以渔可解一生之需"。笛卡尔曾说,最有价值的知识是学习方法的知识。掌握学习方法,需要着重培养以下几种能力。

自学能力:阅读能力,掌握、运用、发展知识的能力,信息获取、分析、处理的能力。

使用操作能力:实验、实训、实操动手能力,运用计算机等工具的能力。

知识技能综合能力:知行结合,运用理论指导实践的能力。

●**职业院校的学习成果** 职业院校学生的主要任务是学习文化知

识、专业应用基础知识和专业技能,并形成良好的职业道德和职业素养。职业院校学业成绩的呈现方式有:

1. **毕业证书**　教育部颁布的《中等职业学校学生学籍管理办法》规定,学生思想品德评价合格;修满教学计划规定的全部课程且成绩合格,或修满规定学分;顶岗实习或工学交替实习鉴定合格,准予毕业。毕业证书是在校学习成绩合格的标志,也是职业院校毕业生走上就业岗位的通行证。

2. **职业技能等级证书**　2019年,教育部、国家发展改革委、财政部、市场监管总局联合印发了《关于在院校实施"学历证书＋若干职业技能等级证书"制度试点方案》,部署启动"学历证书＋若干职业技能等级证书"(简称1＋X证书)制度试点工作,并遴选确定了汽车运用与维修职业技能等级证书、智能新能源汽车职业技能等级证书等参与试点。此外,职校生在校期间,还可以参加职业技能鉴定,获取相关职业资格证书。

3. **荣誉证书**　荣誉证书是指记录获得的嘉奖荣誉、作为奖励的证明证件。它是对某人的工作给予肯定的象征,以鼓励个人或单位继续努力,向更好的方向发展。职业院校学生学习期间获得荣誉证书主要有两方面:一是各级各类评优表彰,如"国家奖学金""优秀青年志愿者"等;二是参加各级各类竞赛的,如技能大赛、文明风采大赛等。

(二)职业院校学生的学习要素

●**明确目标**　明确目标,细致安排,让每分钟都过得有意义。在任何一个领域中,成功者的行为几乎都是指向于自己设定的目标。我们要想学习取得成功,首先就是树立学习目标。目标是成功的灵魂,目标的达成几乎可以与成功画上等号。成功学大师拿破仑·希尔曾说:"设定明确的目标,是所有成就的出发点。"

●**充满自信**　发明家托马斯·阿尔瓦·爱迪生说:"自信是成功的第一秘诀。"自信就是相信自己有能力学习。在学习过程中,充满自信,就能静下心来认真学习。自信是学习不可或缺的心理品质,也是人的一种精神力量,是事业成功、竞争取胜的先决条件和第一秘诀。毛泽东的

"自信人生二百年,会当水击三千里";古希腊哲学家阿基米德的"给我一个支点,我可以撑起整个地球",无不是自信的有力见证。

●**培养兴趣**　北宋大臣、文学家钱惟演在西京洛阳的时候,曾对下属说:"我平生唯独爱好读书,坐着读经书、史书,躺着则读各种杂记,如厕的时候则读小词,大概从未把书放下片刻。"钱惟演如此刻苦攻读,实际上也表明他对读书学习非常有兴趣,读书是他生活的重要内容。

只有积极主动地学习,才能感受到其中的乐趣,才能对学习越发有兴趣。在兴趣的陪伴下,学习不仅变得轻松愉快,而且还能取得很好的效果。

●**快乐学习**　有一位中国留学生,在纽约华尔街附近的一间餐馆打工。一天,大厨好奇地问他:"年轻人,你毕业后有什么打算呢?"他很流利地回答:"我希望学业一完成,最好马上就进入一流的跨国企业工作,不但收入丰厚,而且前途无量。"

大厨摇摇头:"我不是问你的前途,我是问你将来的工作兴趣和人生兴趣。"

他一时无语。显然他不懂大厨的意思。

大厨却长叹道:"如果经济继续低迷下去,餐馆不景气,那我就只好去做银行家了。"

他惊得目瞪口呆,几乎怀疑自己的耳朵出了毛病,眼前这个一身油烟味的厨子,怎么会跟银行家沾得上边呢?

大厨对这个中国留学生解释:"我以前就在华尔街的一家银行上班,天天早出晚归,没有半点自己的业余生活。我一直喜欢烹饪,家人朋友也都很赞赏我的厨艺。有一天,我在写字楼里忙到凌晨一点钟才结束了工作,当我啃着令人生厌的汉堡包充饥时,我下定决心要辞职,摆脱这种工作机器般的刻板生活,选择我热爱的烹饪为职业,现在我生活得比以前要愉快百倍。"

●**保证睡眠**　每天保证8小时睡眠,晚上不要熬夜,按时就寝。中午坚持午睡。充足的睡眠、饱满的精神,能让自己保持最佳的学习状态。学习到一定程度就得休息、补充能量。但学习时,一定要全身心地投入,手脑并用,达到陶渊明"虽处闹市,而无车马喧嚣"的境界。

●拾遗补缺　查找自己学习漏洞最好的方式就是检测,反复检测确定没有问题了,这个漏洞就补上了。补漏洞也不是一次、两次就能解决,而需要一定的重复。我们检测时不要轻易放过每一道错题,实习中也不要忽视每一项操作环节。将学会的知识和技能精化、深化、整合、反复练习就能融会贯通、熟能生巧,就能产生新的知识和技能。

●不断探究　"探究型"学习,就是对新知识、新技术、新事物有强烈的好奇心。在新学期开始时,许多学生往往带着浓厚的兴趣,把新发到手的课本浏览一遍,这是一个良好的开端。要树立这样的信念:没有老师的讲述,自己也能寻找方法、收集信息、探究知识。其实,经过自我探究钻研后,再去听老师的课,你会感到自信和自豪。

●整合知识　学会对知识和技术的梳理和整合。在每一阶段学习以后,要对知识或技能进行总结、梳理和整合,列出结构提纲,把所学的新知识和新技能衔接起来,使自己的大脑对知识和技能有一个清晰的结构脉络。

●贵在坚持　罗伯特·巴雷尼小时候因病成了残疾,母亲虽然心如刀绞,但仍平静地来到巴雷尼的病床前,拉着他的手说:"孩子,妈妈相信你是个有志气的人,希望你能用自己的双腿,在人生的道路上勇敢地走下去!"

母亲的话,像铁锤一样撞击着巴雷尼的心。从那以后,母亲只要一有空,就帮助巴雷尼练习走路、做体操,常常累得满头大汗。有一次母亲得了重感冒,但还是下床按计划帮助巴雷尼练习走路。体育锻炼弥补了残疾给巴雷尼带来的不便。母亲的榜样作用,更是深深教育了巴雷尼,他终于经受住了命运给他的严酷打击。他刻苦学习,学习成绩一直在班上名列前茅,最后以优异的成绩考进了维也纳大学医学院。大学毕业后,巴雷尼以全部精力,致力于耳科神经学的研究。1914年,罗伯特·巴雷尼获诺贝尔生理学和医学奖。

●扩大视野　要想把自己培养成高水平的技术技能型人才,光学课本知识是不够的,还得通过阅读课外书籍、参观访问、社会调查、科技活动等扩大知识视野。同时,积极参加各项技能竞赛,培养动手能力,发展自己的兴趣与爱好,也可以开拓自己的创造性才能。

信息链接

全国中等职业学校"文明风采"活动

全国中等职业学校"文明风采"活动,是一项由教育部等部门组织,各级教育行政部门举办,学校具体操作的制度化德育实践活动。2004年5月12日,第一届全国中等职业学校"文明风采"大赛正式启动。2018年,教育部将原中等职业学校"文明风采"竞赛活动调整为中等职业学校"文明风采"活动,主要包括优秀活动案例遴选和活动成果展演展览。

展演展览作品包括展演类和展览类两大类。展演类节目包括:歌舞、器乐、曲艺、朗诵、小品等;展览类作品包括:书法、绘画、雕塑、手工艺品、非遗作品等。

全国中等职业学校"文明风采"活动官网:http://www.moewmfc.org/index.shtml

全国中等职业学校"文明风采"活动官方微信公众号

话题二 制定学习计划

学习计划是规定在什么时候采取什么方法、步骤,达到什么学习目标的学习方案,也就是要规定在一定的期限内完成一定的学习任务的学习安排。

学习计划按时间分有三种:短期计划以通常的学习常规和临时性安排为内容;阶段计划以一个月或一个学期为一个周期;长远计划以一年或几年为周期,如中职三年学习计划等。

"凡事预则立,不预则废"。在职业院校,要学好知识,掌握技能,首先应制定适合自己的学习计划,并按时实施。

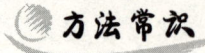

(一)学习计划的制定

● **为什么要制定学习计划** 高尔基说:"不知明天该做什么的人是不幸的。"有计划地学习是优秀学生的共同特点。有计划地学习有多方面的好处:

1. **增强学习的计划性** 制定学习计划,提高自己做事的计划观念和计划能力,使自己成为有条理地安排学习、生活、工作的人。在计划的指导下,短时间内达到一个小目标,长时间达到一个大目标,使自己的学习一步步地由小目标走向大目标。

表6-2 一名职业院校学生的学习计划表

项目	时间	星期一	星期二	星期三	星期四	星期五	星期六	星期日
学习任务								
计划时间								
起始时间								
完成时间								
真正使用时间								
时间使用率	正好							
	缩短							
	延长							
原因分析								
目标检测								

2.使学习有序地进行 制定学习计划,恰当安排学习任务,可有效利用时间,按照计划实行任务驱动,管理自己的学习,对照计划定期检查总结自己的学习,确保学习任务的完成,同时发扬优点,克服缺点,使自己的学习不断进步。

3.培养良好的学习习惯 按照计划行事,能使自己的学习节奏分明,养成良好的学习习惯。坚持实行学习计划,可以磨炼意志力,锻炼克服困难、不怕失败的精神,更有自信心实现既定的学习目标。

●如何制定学习计划

1.明确学习定位 进行自我分析,正确认识自己,找出自己的长处和短处,明确自己学习的特点、发展方向,发现自己在学习中的最佳才能。

2.确定学习目标 在时间上确定远期、中期和近期目标。在内容上确定各门课程和各项学习活动的具体目标。学习目标应适当、明确、具体。将目标和任务明细化,有利于目标的实现和任务的完成。

3.安排学习时间 学习计划是指对学习的长期打算和安排,而日程表是指处理现在的学习任务较具体的逐日计划。充分地利用时间学习,离不开制定计划和日程表。时间安排要符合"全面、合理、高效"的要求。

建议同学们制作周学习计划表,每天按照学习任务分时间模块安排,同时,制作学年学习计划,列出每学期应达到或者完成的目标。

●制定学习计划的要求

1. 考虑全面　多考虑学习的具体安排,将学习与其他各项活动统筹安排,把班级集体服务、社团活动和锻炼也考虑在内。时间安排不能和正常学习秩序、班级的活动、自己的生活相冲突。

2. 切合实际　学习计划要讲究实效,要量力而行。制定计划时,要充分考虑自己的实际能力、水平和条件,突出重点,清楚自己的学习水平,确定计划学习的起点。要处理好当前实际与未来理想间的矛盾,将可能转化为现实。目标任务不要好高骛远。

3. 科学安排　文化课与专业课交替,理论实践一体化,是安排学习内容的一个基本准则。此外,人的活动是有一定限度的,时间久了会产生厌倦、疲劳的感觉,效率就会降低。在安排时间时,应设计出相应的休息和文体活动时间。

4. 突出重点　应确保重点,兼顾一般,先做你认为最重要的事情。所谓"重点",主要是指自己的学习中薄弱的课程、内容、学习项目或技能。

5. 张弛有度　计划是一种设想,在实施的过程中,还会受到各种各样突发情况的影响,因此要留有适度、灵活机动的时间,做到张弛有度。

6. 物尽其用　不要忽视碎片化的时间,可将很多学习内容安排在零碎时间解决,比如,背诵公式、单词,揣摩实训技能等。

7. 主动学习　自由学习时间的安排是制定学习计划的重点之一。自由学习时间指除常规学习时间外的归自己支配的时间。要提高常规学习时间的效率,增加和正确利用自由学习时间,掌握自己的学习主动权。

8. 长短结合　学习计划要"长计划、短安排",长计划是明确学习目标,确定学习的内容、专题,大致规划投入的时间;短安排则是具体的行动计划,即每周每天的具体安排和行动落实。

(二)学习计划的实施

"学习没有捷径,就是踏实完成计划好的事"。制定好计划之后就是执行的问题,不要以为只要有了学习计划,自己的学习就会在一夜之间变好了。其实不少同学的计划大致相同,差别就产生在执行力上。

1. **确保学习时间** 刚开始执行学习计划时,可能会觉得时间特别紧张,这时即使需要占用一部分个人的娱乐和休息时间,也要确保学习计划的完全落实。把握个人的自由时间,自觉提高时间利用效率,是学习上自我修养的重要内容。

2. **选择固定场所** 要实现自己的学习计划,学习场所的选择和时间的管理同等重要。条件好的学校,可在课余时间到图书馆或网络教室去学习,训练自己按计划一次做完一段工作。每次到图书馆或网络教室去学习,最好都能按习惯坐在同一位置,这样有助于快速进入学习状态。

3. **学习专心致志** 有同学说,一边听音乐,一边做功课可以提高学习效率;还有的同学说,一边做健美操,一边背英语单词可以充分利用时间。这些说法是毫无科学依据的。研究表明,做任何一件事情都必须专注,不能把学习、娱乐和消遣同时进行,否则就会影响学习计划的完成。

4. **加强自我管理** 为确保计划的落实,应在学习中对计划的实施状况定期进行自我检查、自我督促、自我验收。可制定一个计划检查验收表,即将某月某日完成的学习任务、进程列成表格,每完成一个项目,就打上一个钩,以便督促检查,一段时间后进行一次验收。若未完成计划中规定的任务,则应查找原因,想出办法,确保计划的全面落实。

5. **适时调整学习** 制定学习计划要避免对自己提出苛刻的要求,定出过高的、不现实的目标。要从小目标开始,树立信心。在执行学习计划过程中,若计划不能实现,或自己的活动和应尽的职责有所变动,则课余应适时修改学习计划。

6. **坚持执行计划** 任何学习计划刚执行都难免会遇到一些困难,应明白为执行计划而付出的努力是值得的。坚持执行计划是保证学习以及未来事业成功的重要步骤。"坚持"是计划实施过程中最难的。学习是一个周期比较长的过程,量的积累引起质的飞跃,坚持才能产生奇迹。

话题三　获取知识建议

我们在校除了从课本上获取知识与技能外,还可以从其他方面获取自己所需要的知识。

方法常识

●实践　"纸上得来终觉浅,绝知此事要躬行"。实践是职业教育最有价值的获取知识的方式。职业院校从实践中获取知识的方式主要有以下两种:

1. 参加社会实践活动　如学生社团的社会实践活动、社会调查活动、班级组织的主题班会活动、学校举办的技能竞赛活动、"学雷锋"为民服务活动、"文明风采"活动、青年志愿者活动,以及各种参观考察活动等,同学们应该积极参加这些活动。

2. 专业实训实习活动　职业教育教学中所重视的"工学结合""教学做合一"的教学方式,也是同学们在职业学校应注重的获取专业知识和专业技能的重要方式。此外,同学们还应积极参加劳动教育实践以及其他实践活动等。

●读书　书是前人智慧的积淀,常见的阅读方法主要有以下几种:

1. 泛读与精读　泛读即广泛阅读,广泛涉猎各方面的知识。不仅要读自然科学方面的书,也要读社会科学方面的书,古今中外各种不同风格的优秀作品都应广泛地阅读,以博采众家之长,开拓思路。

精读是对一些于自己有价值的书籍细读多思,反复琢磨,反复研究,边分析边评价,务求明白透彻,了解于心,以便吸取精华。对本专业的书籍及名篇佳作应该精读。精读是最重要的一种读书方法。

2. 通读与跳读　通读是对书、报、杂志从头到尾阅读,通览一遍,意在读懂、读通、了解全貌,以求一个完整的印象。我们平时对比较重要的书、报、杂志可通读。

跳读是一种跳跃式读书方法。读书时把书中无关紧要的内容放在一边,抓住书的脉络和重点章节阅读。有时读书遇到疑问处,不得其解时,也可以跳过去,向后继续读。

3. 速读与略读　速读就是采用扫描法,一目十行,对文章迅速浏览一遍,只了解文章大意即可。这种方法可以加快阅读速度,扩大阅读量。

略读就是粗略读书。阅读时,可以随便翻翻,略观大意;也可以只抓住评论的关键性语句,弄清主要观点,了解主要事实或典型事例即可。而这一部分内容常常在文章的开头或结尾,所以重点看标题、导语或结尾,就可大致了解。

●网络　当今社会,随着信息的迅速发展、科技的不断创新,知识的"保鲜期"越来越短,学习已不是一个人一生中某一阶段的事,而是一种社会化和终身化的行为了。

1. 获取生活常识　对常识性的知识,可在"百度"等搜索引擎里输入自己想要了解的信息,根据搜索结果可以简单地了解,也可去网上提问(如"百度知道""新浪爱问")。

2. 获取专业学习的知识　对于想深入学习的知识,可以到"百度"的百科、文库等栏目中学习,也可到专业的学习网站或论坛去获取信息,还可到一些专业网站下载电子书、教学软件(或课件)、视频等学习资料。如果你想学习外语,除了可以进入一些专业学习网站、论坛,还可以利用在线词典(如"百度词典""金山词霸"在线词典)随时查询自己不会的单词、短语。

3. 交流学习心得　若想参加学习的交流与互动,可以到"百度"的贴吧、专业 QQ 群、微信群等参加互动式学习与交流。

4. 听取网上讲座　对一些专业技术知识,可以在线或下载专业视频讲座,随时随地学习,还可以参加网校学习,进入一些远程教育网站,如

"慕课"、精品课程和公开课教学网站学习。

对网络获取的知识,要学会甄别、分析、判断,去粗取精、去伪存真。

●报纸、杂志、广播与电视

1. 报纸　报纸是学生了解时事、接受国内外信息的主要媒体。同学们可以自由地选择阅读,还可以在阅读报纸过程中养成剪报的习惯,根据所需分门别类地收集、剪裁知识信息。

2. 杂志　杂志长篇文章较多,同学们不仅可以仔细阅读,还可以多次阅读,也可以保存下来日后再读。

3. 广播　收听广播最为简便、自由、随意。同学们也可通过这种媒体及时了解时政大事、身边小事,也可以收听故事和音乐歌曲。

4. 电视　观看电视节目已成为人们文化生活的重要组成部分。同学们可以通过电视综合频道的新闻节目了解国内外大事。通过教育台学习文化科技知识,通过一些知识性的互动节目掌握辨别真伪的方法,通过传统文化、革命影片了解历史,通过一些专门频道和节目学习健康、体育、生活的常识等,建议同学们每天定时收看中央电视台的"新闻联播"。

话题四　提高技能要点

专业技能是指在教育者的指导下,通过学习和训练,日渐形成的操作技巧和思维活动能力。学生专业技能水平及其所从事的具体工种技能水平的高低,是职业教育与普通高中教育的主要区别。

实习实训是职业院校专业技能课程教学的重要内容,也是培养学生良好的职业道德,强化学生实践能力和职业技能,提高综合职业能力的重要环节。

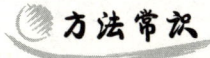
方法常识

(一)职业院校专业技能的训练方式

●实习实训 实习实训是学生技能训练的重要途径之一,一般在校内实习实训室进行,主要是完成课程规定的实习实训项目,使学生掌握实践技能,了解科学探索方法,培养严肃认真、实事求是、团结协作的科学精神。学生实习实训常采用小组合作学习方式。实习实训课需注意以下几点:

1. 服从安排 实训场地,不能因好奇心而随意翻动,插试电源,学生的工位由老师统一安排,操作规程、要求由老师指挥,不会的问题或出现问题要及时向老师请教或报告。

2. 爱护设备 实训设施、工具要轻拿轻放,注意安全,发现设备、工具有故障,要及时向老师报告,确认有问题的要及时登记。实训作品未经老师同意不得私自带出实训室。

3. 注意卫生 注意实训室卫生,不得将零食特别是有果壳、有包装袋的食品带进实训室。有些专业有高精密度仪器设备的实训室,实训时要清扫身上的污垢和灰尘后方可进入。实训结束后,值日生应及时打扫实训场所。

4. 统一工装 实训时,学生统一着装有利于培养学生专业意识,提高职业素质,也是实训规范的需要。一些实训要戴手套、工作帽和护目镜,女生必须将自己的长发盘起和固定,不能随意摆动。

●顶岗实习 职业院校一般在最后一学年或学期安排不参加升学考试的学生到相关单位进行顶岗实习,这是重要的技能训练途径,不仅是对学生所学知识、技能的全面检查,更是对学生职业能力的综合锻炼,还有可能给学生的就业带来机遇。顶岗实习有明确的目的和要求,有完整详细的计划,有认真负责的指导老师,有完善的规章制度,有实习记录,有实习总结报告,有交流、评价、鉴定。

(二)如何提高自己的专业技能水平

● 培养对专业技能的兴趣　兴趣是活动的重要动力之一,是活动成功的重要条件之一。当一个人做自己喜欢的事情时,就会对它产生特别的注意力,对该事物感知敏锐、记忆牢固、思维活跃、情感浓厚,所以只要不断培养自己的专业兴趣,就能够让自己在从事这一职业的过程中获得更多的愉悦,同时也能提高自己的专业技能。

● 扎实的专业理论基础　理论来源于实践,又指导实践。没有理论的实践是盲目的实践。实践是理论学习的目的,也是提高专业技能的重要途径。实践能加深我们对专业基础理论的认识和学习。

● 勤动手多实践　实践出真知,实践是检验真理的唯一标准。问题唯有自己亲自处理了,印象才会深刻,下次处理同样问题时才不致盲目,处理速度才会加快。处理问题的经验也是从亲自动手实践得来的。

● 熟悉工艺设备和程序　唯有了解生产工艺,熟悉现场设备,弄懂程序图纸,才会减少判断事故和处理事故的时间。多在现场点观察,多处理问题,这也是熟悉现场设备的有效途径。

●勤学好问　对于不懂的问题要有打破砂锅问到底的精神,直到弄懂为止。师傅们工作时间长、经验丰富,有很多值得我们学习的地方。对于师傅讲过的东西,要熟记于心,领会贯通,凡事多问一个为什么,一个个去解决这些疑问。在逐步解决疑问的过程中,你会发现你也在进步和成熟。

●学会总结　每次处理完问题后,都要进行总结,哪里做得不好、哪里做得好。做得不好的,下次吸取教训;做得好的,继续发扬。经历使人进步和成熟,吃一堑,长一智,一次做得不好,第二次就应该尽量做好。

信息链接

1. 世界技能大赛

世界技能大赛中国组委会官网:http://www.worldskillschina.cn/index.htm

世界技能大赛(WorldSkills Competition,WSC)是迄今全球地位最高、规模最大、影响力最大的职业技能竞赛,被誉为"世界技能奥林匹克",其竞技水平代表了职业技能发展的世界先进水平,是世界技能组织成员展示和交流职业技能的重要平台。世界技能大赛由世界技能组织(WorldSkillsInternational,WSI)举办,每两年一届。

一个国家或地区在世界技能大赛中取得的成绩在一定程度上代表了这个国家或地区的技能发展水平,反映了这个国家或地区的经济技术实力。发达国家特别是制造业强国都高度重视世界技能大赛,参赛得到国家的大力支持和国民的高度关注。

第44届世界技能大赛于2017年在阿联酋阿布扎比落下帷幕,我国52名选手在47个项目的比赛中取得了15枚金牌、7枚银牌、8枚铜牌和12个优胜奖的优异成绩,创造了我国参赛以来的最好成绩。

第45届世界技能大赛于2019年8月22日至27日在俄罗斯喀山市举办。我国将首次参加全部56个项目的比赛,共有63名参赛选手。参赛选手几乎全部是"95后",平均年龄21岁。

2. 全国职业院校技能大赛

官网：http://www.chinaskills-jsw.org/

全国职业院校技能大赛是由教育部发起，联合有关部门、行业和地方共同举办的，是专业覆盖面最广、参赛选手最多、社会影响最大、联合主办部门最全的国家级技能赛事。

以2019年大赛为例，比赛项目涵盖87个大项，89个分赛项，比如加工制造类、信息技术类、文化艺术类等，每一大类又包含多个具体赛项。

其中，中职组10个专业类，38个大项（40个分赛项），行业特色赛项1项；高职组16个专业大类，49个大项（49个分赛项），行业特色赛项4项。

五年制高职学生报名参赛的，一至三年级（含三年级）学生参加中职组比赛，四、五年级学生参加高职组比赛。中职组参赛选手年龄一般不超过21周岁；高职组参赛选手年龄一般不超过25周岁。凡在往届全国职业院校技能大赛中获一等奖的选手，不能再参加同一项目同一组别的比赛。团体赛不得跨校组队，同一学校相同项目参赛队不得超过1支；个人赛同一学校相同项目报名人数不得超过2人。团体赛参赛队、个人赛参赛选手均可配指导教师。指导教师须为本校专兼职教师，团体赛每队限报2名指导教师，个人赛每名选手限报1名指导教师。

2019年全国职业院校技能大赛主赛区在天津，分赛区包括北京、山西、内蒙古、吉林、江苏、浙江、安徽、福建、山东、河南、湖北、湖南、广东、广西、重庆、贵州、云南、陕西、甘肃、宁夏、青岛。

3. 网络学习平台

中国大学MOOC　https://www.icourse163.org/

网易公开课　https://open.163.com/

我要自学网　https://www.51zxw.net/default.aspx

拓展训练

一、制定学习计划

拓展目标：

每位学生初步学会制定自己的学习计划（短期计划、常规计划、长远计划），明确自己的学习目标。

拓展方法：

个人制定计划，小组交流，全班展示。

拓展过程：

1. 活动主持人介绍活动的总体要求。

2. 制定学习计划。

全班同学每个人根据自己的实际情况，初步拟订一份本学期的学习计划。

3. 小组交流。

全班同学分成4~8个活动小组，每个小组成员在一起交流自己的学习计划，并相互提出建议。

4. 全班展示。

每个活动小组推荐一名成员介绍自己的学习计划。

5. 活动主持人进行活动小结。

6. 完善学习计划。

全班同学每个人进一步完善自己的学习计划。

二、学习动机训练

拓展目标：

每位学生初步反思自己的学习情况，重新树立清晰的学习目标和学习动机。

拓展方法：

小组合作活动，全班展示活动成果。

拓展过程：

1. 活动主持人介绍活动整体方案。

2. 小组合作活动。

全班同学分4个活动小组，每个小组成员合作完成下面一个方案。

方案一：学习情况的自我调查

小组成员自主设计一份简单的学习情况调查表，组内成员每人认真填写调查表，了解自己的学习情况，组长负责对组内调查情况进行统计分析。

方案二：讲述自己的学习故事

小组成员每人讲述一个自己学习的小故事，并说说其中的感悟，其他成员认真聆听并思考，组长确定一名成员给讲故事的成员摄影留念。

方案三：搜索好的学习故事

小组成员每人上网搜索一个自己认为好的学习故事，并推荐给小组其他成员，推荐时说说自己的感言。

方案四：搜索励志的学习语录

小组成员每人上网搜索10条有关学习的名人名言，并选择其中一条推荐给小组其他成员，同时说说自己的学习感言。

3. 活动成果展示。

方案一组：推荐一名成员介绍小组学习调查的情况及结论。

方案二组：推荐一名成员讲述自己的学习故事，并说说自己的感悟。

方案三组：推荐一名成员讲述所搜索的学习故事，并说说自己的感言。

方案四组：推荐一名成员介绍小组集体推介的名人，并说说学习名言和小组成员的学习感言。

4. 活动主持人进行活动小结。

第七讲 就业与升学

"就业有前景,升学有门路"。让每一个学生自信地走出校门、服务社会、改变人生,教会学生生存的本领,教会他们获取幸福生活的能力,这就是职业教育的培养目标。

导读感悟

接受职业教育,结合自己的职业兴趣,通过专业技能学习,掌握一定的技术、技能,获得从事某一职业的职业资格证书。几年后,可以直接就业,也可以通过参加对口升学考试等多种途径走上升学之路。无论选择就业还是升学,都要了解职业意向,制定自己的职业发展规划,知晓必要的就业和升学政策,做好就业或升学前的准备。

典型案例

弃北大读技校自定别样人生

周浩,2008年以青海省理科第五的优异成绩被北京大学生命科学学院录取。来到北大后,周浩努力地适应这里的环境,却还是被枯燥的课程压得喘不过气来,"生命科学是一门非常微观的课程,需要许多理论体系的支撑,而我从小动手能力强,喜欢捣鼓东西,两样互相不搭边"。这并不是周浩想要走的路,于是他作出了一个令所有人都目瞪口呆的决定:从北大退学转到北京工业技师学院。周浩说:"我已经了解过,北京工业技师学院的技术在行业内是处于领先水平的,既然想学点技术,尤其是数控技术,那里将是最好的选择。"不顾父母和老师的反对,周浩毅然踏上了这段未知的旅程。

在刚进入北京工业技师学院后的几年里,周浩就展现出了他对这个专业惊人的天赋,并且这与他的刻苦钻研也是分不开的,周浩重新拾起了对学习的热情,并且在2014年夺得了全国数控技能大赛的冠军,各大媒体争相报道,被采访时周浩说他从未后悔过当年作出的这个决定,反而感到非常庆幸。

毕业后,他被留校任教,成为一名受欢迎的专业课老师。根据政策,他还获得了北京市户口。2018年,在第一届全国技工院校教师职业能力大赛上,周浩又获得了机械类一等奖。"我所学的技术在人们的生活中起着很大的作用,我不会后悔自己的选择。而且三百六十行,行行出状元,每个人只要在适合自己、自己感兴趣的岗位上工作,都会很强大的!"周浩说。

话题一 选择合适职业

同学们进入职业院校,不妨思考几个问题:今后,我打算做什么?选择什么样的行业、什么样的职业?现在应该怎么做?预想达到什么样的成就?如何通过学习与工作达到既定的目标?

方法常识

(一)发现自己的职业兴趣

●**职业兴趣的重要性** 职业心理学的研究表明,一个人对某种工作有兴趣,能发挥他全部才能的80%~90%,并且能长时间保持高效率而不感到疲劳;如果对某种工作不感兴趣,则他的才能只能发挥20%~30%,并且容易疲劳。

●**职业兴趣的主要类型** 美国著名职业指导专家约翰·霍普金斯大学心理学教授约翰·霍兰德,按不同的职业特点和个性特征将人的职业兴趣分为六类:技能型、研究型、艺术型、社会型、企业型、常规型。他认为,每种类型的人对相应的职业感兴趣。

●**不同职业兴趣倾向的人格特征**

1. **技能型** 往往看重现实事物的价值,安分随流,做事保守,较为谦虚,踏实稳重,诚实可靠,情绪稳定,不善交际应酬,通常喜欢独立做事。

2. **研究型** 坚持性强,有韧性,喜欢钻研,重视科学性并不断地学习,善于分析思考,为人好奇,独立性强,做事谨慎。

3. **艺术型** 理想主义者,追求完美,不重实际,想象力丰富,富有创造性,具有独创的思维方式,直觉强烈、敏感,情绪波动大,较冲动,不服从指挥。

4. **社会型** 有强烈的社会责任感和责任心,关心社会问题,渴望发挥自己的社会作用,为人友好、热情、开朗、善良、善解人意,助人为乐,易于合作。

5.企业型　为人乐观,对自己充满信心,喜欢冒险,精力旺盛,有支配愿望,好交际,喜欢发表意见和见解,善辩,独断。

6.常规型　服从权威,讲究秩序,责任感强,高效率,稳重踏实,细心仔细,有条理,耐心谨慎,依赖性强。

(二)职业兴趣测评

一个人的人格特征与职业有着密切的关系,不同职业对从业者人格特征的要求是有差距的,通过测试,可大概了解自己的人格特征,这有助于选择适合于个人发展的职业。下面是我们选择的一个职业兴趣测评量表,当然,测试的结果也仅供自己参考。

●做个测试题　请根据对每一题目的第一印象作答,不必仔细推敲,答案没有对错之分。具体填写方法是,根据自己的情况回答"是"或"否"。

表7-1 职业兴趣测评量表一:职业兴趣测评60问

内容	是	否
1.我喜欢把一件事情做完后再做另一件事。		
2.在工作中我喜欢独自筹划,不愿受别人干涉。		
3.在集体讨论中,我往往保持沉默。		
4.我喜欢做戏剧、音乐、歌舞、新闻采访等方面的工作。		
5.每次写信我都一挥而就,不再重复。		
6.我经常不停地思考某一问题,直到想出正确的答案。		
7.对别人借我的和我借别人的东西,我都能记得很清楚。		
8.我喜欢抽象思维的工作,不喜欢动手的工作。		
9.我喜欢成为人们注意的焦点。		
10.我喜欢不时地夸耀一下自己取得的好成就。		
11.我曾经渴望有机会参加探险。		
12.当我一个人独处时,会感到更愉快。		
13.我喜欢在做事情前,对此事情作出细致的安排。		
14.我讨厌修理自行车、电器一类的工作。		
15.我喜欢参加各种各样的聚会。		
16.我愿意从事工资少但是比较稳定的职业。		
17.音乐能使我陶醉。		
18.我办事很少思前想后。		
19.我喜欢经常请示上级。		
20.我喜欢需要运用智力的游戏。		
21.我很难做那种需要持续集中注意力的工作。		
22.我喜欢亲自动手制作一些东西,从中得到乐趣。		
23.我的动手能力很差。		
24.和不熟悉的人交谈对我来说毫不困难。		
25.和别人谈判时,我总是很容易放弃自己的观点。		
26.我很容易结识同性别朋友。		
27.对于社会问题,我通常持中庸的态度。		
28.当我开始做一件事情时,即使碰到再多的困难,我也会执着地做下去。		
29.我是一个沉静而不易动感情的人。		
30.当我工作时,我喜欢避免被干扰。		
31.我的理想是当一名科学家。		

续表

内容	是	否
32. 与言情小说相比,我更喜欢推理小说。		
33. 有些人太霸道,我有时明明知道他们是对的,也要和他们对着干。		
34. 我爱幻想。		
35. 我总是主动地向别人提出自己的建议。		
36. 我喜欢使用榔头一类的工具。		
37. 我乐于解除别人的痛苦。		
38. 我更喜欢自己下了赌注的比赛或游戏。		
39. 我喜欢按部就班地完成要做的工作。		
40. 我希望能经常换不同的工作来做。		
41. 我总留有充裕的时间去赴约会。		
42. 我喜欢阅读自然科学方面的书籍和杂志。		
43. 如果掌握一门手艺并能以此为生,那么我会感到非常满意。		
44. 我曾渴望当一名汽车司机。		
45. 听别人谈"家中被盗"一类的事,很难引起我的同情。		
46. 如果待遇相同,那么我宁愿当商品推销员,而不愿当图书管理员。		
47. 我讨厌跟各类机械打交道。		
48. 我小时候经常把玩具拆开,把里面看个究竟。		
49. 当接受新任务时,我喜欢以自己的独特方法去完成它。		
50. 我有文艺方面的天赋。		
51. 我喜欢把一切安排得整整齐齐、井井有条。		
52. 我喜欢做一名教师。		
53. 和一群人在一起的时候,我总想不出恰当的话来说。		
54. 看情感影片时,我常禁不住眼圈红润。		
55. 我讨厌学数学。		
56. 在实验室里独自做实验会令我寂寞难耐。		
57. 对于急躁、爱发脾气的人,我仍能以礼相待。		
58. 遇到难解答的问题时,我常常放弃。		
59. 大家公认我是一名勤劳踏实的、愿为大家服务的人。		
60. 我喜欢在人事部门工作。		

符合以下"是"或"否"答案的记1分,不符合的记0分。

常规型(C):"是"(7,19,29,39,41,51,57),"否"(5,18,40)

现实型(R):"是"(2,13,22,36,43),"否"(14,23,44,47,48)

研究型(I):"是"(6,8,20,30,31,42),"否"(21,55,56,58)

企业型(E):"是"(11,24,28,35,38,46,60),"否"(3,16,25)

社会型(S):"是"(26,37,52,59),"否"(1,12,15,27,45,53)

艺术型(A):"是"(4,9,10,17,33,34,49,50,54),"否"(32)

将得分最高的三种类型从高到低排列,我们可以得出一个(或两个)三位组合答案。比如你的测评六种类型得分分别为 8 分、9 分、8 分、7 分、5 分、6 分,你就可以记作 RCI 或者 RIC。

●对照量表 按照得分高低对照《人格类型与职业环境的适配》量表,可以初步了解自己可以考虑的职业环境。

表 7-2 职业兴趣测评量表二:人格类型与职业环境的适配

类型	适配的职业环境
常规型 C	1. 喜欢传统性质的职业或情境,避免艺术性质的职业或情境,会以传统的能力解决工作或其他方面的问题。 2. 喜欢顺从、规律,有文书与数字能力,并重视商业与经济上的成就。
现实型 R	1. 喜爱实用性的职业或情境,以从事所喜好的活动,避免社会性的职业或情境。 2. 用具体实际的能力解决工作及其他方面的问题,较缺乏人际关系方面的能力。 3. 重视具体的事物,如金钱、权力、地位等。
研究型 I	1. 喜爱研究性的职业或情境,避免企业性的职业或情境。 2. 用研究的能力解决工作及其他方面的问题,即自觉、好学、自信,重视科学,但缺乏领导方面的才能。
企业型 E	1. 喜欢企业性质的职业或环境,避免研究性质的职业或情境,会以企业方面的能力解决工作或其他方面的问题。 2. 有冲动、自信、善社交、知名度高、有领导与语言能力,缺乏科学能力,重视政治与经济上的成就。
社会型 S	1. 喜爱社会型的职业或情境,避免实用性的职业或情境,并以社交方面的能力解决工作及其他方面的问题,但缺乏机械能力与科学能力。 2. 喜欢帮助别人、了解别人,有教导别人的能力,且重视社会与伦理的活动与问题。
艺术型 A	1. 喜爱艺术性的职业或情境,避免传统性的职业或情境。 2. 富有表达能力和直觉、独立、具创意、不顺从(包括表演、写作、语言),并重视审美的领域。

(注:以上测试内容与结果,仅供自己参考。)

话题二 规划职业生涯

成功人士之所以成功,多半是因为他们在青少年时期就开始规划自己的职业生涯。"适合的,就是最好的"。同学们为成就自己的人生梦想,可根据自己的智能类型、个性特长、兴趣爱好、家庭经济状况等选择适合自己的发展方向。

方法常识

(一)职业生涯规划的概念与设计

有的同学会有这样的想法,我的文化课成绩不太理想,才上了职业院校。有这种想法的同学,请记住这句话:"你现在站在哪里并不重要,重要的是你下一步走到哪里。"无论在哪所学校、学的什么专业、过去基础怎么样、成绩如何,我们未来的职业道路就是从踏入职业学校的那天开始的。

●什么是职业生涯规划　职业生涯规划是指将个人发展与组织发展相结合,通过对职业生涯的主客观因素分析、总结和测定,确定一个人的奋斗目标,并为实现这一事业职业目标,预先进行职业生涯系统安排的过程。职业生涯规划分个人设计和组织职业规划(设计)两个方面。

通过职业生涯规划,可选择适合自己发展的职业,确定符合自己兴趣与特长的生涯路线。正确设定自己的人生目标,运用科学的方法,采取有效的行动,使人生事业发展获得成功。

●职业生涯设计的方法　许多职业咨询机构和心理学专家进行职业咨询和职业规划时常常采用的一种方法就是有关5个"W"的思考模式。

第一个问题是"我是谁?"应该对自己进行一次深刻的反思,有一个比较清醒的认识,优点和缺点都应该一一列出来。

第二个问题是"我想干什么?"这是对自己职业发展的一个心理趋向的检查。每个人在不同阶段的兴趣和目标并不完全一致,有时甚至是完全对立的。但随着年龄和经历的增长而逐渐固定,并最终锁定自己的终身理想。

第三个问题是"我能干什么?"这是对自己能力与潜力的全面总结,一个人职业的定位最根本的还要归结于他的能力,而他职业发展空间的大小则取决于自己的潜力。对于一个人潜力的了解应该从几个方面着手去认识,如对事的兴趣、做事的韧力、临事的判断力以及知识结构是否全面、是否及时更新等。

第四个问题是"环境支持或允许我干什么?"这种环境支持在客观方面包括本地的各种状态(如经济社会发展、人事政策、企业制度、职业空间等),人为主观方面包括同事关系、领导态度、社会关系等,两方面的因素应该综合起来看。有时我们在职业选择时常常忽视主观方面的东西,没有将一切有利于自己发展的因素调动起来,从而影响了自己的职业切入点。

明晰了前面四个问题,就会从各个问题中找到对实现有关职业目标有利和不利的条件,列出不利条件最少的、自己想做而且又能够做的职业目标,那么第五个问题有关"自己最终的职业目标是什么"自然就有了一个清楚明了的框架。

(二)制定职业生涯规划应注意的问题

●合理选择　要根据自身的因素选择以后从事一项你所喜欢的职业和工作,喜欢的工作本身就能给你一种满足感,你的职业生涯也会从此变得妙趣横生、兴趣盎然。因此,在设计自己的职业生涯时,一定要注意考虑自身的特点,结合自己的兴趣,择己所爱,选择自己所喜欢的职业。

●能力条件　任何职业都要求从业者掌握一定的技能和专业知识,具备一定的能力条件。而一个人一生中不可能掌握所有技能。所以,你必须在进行职业选择时择己所长、择己所爱,或按专业特长或按能力专长所选择,尽量选择对自己有优势或能充分发挥出优势的职业(如语言表达和沟通是你的强项,那你就可考虑选择教师、培训、人力资源、市场开发等职业,发挥你的优势)。

●社会需求　随着全球经济一体化进程的加快,特别是进入"互联网＋"时代,伴随着国家"一带一路"战略及《中国制造2025》计划的实施,社会的需求不断变化和更新,旧的需求不断被新的需求代替,新型的行业与职业也不断产生。在设计职业生涯时,一定要认真分析社会需求的变化。最重要的是要将目光放长远,不能只顾眼前较热门的职业,盲目从众,一拥而上。要仔细分析、准确预测未来行业或者职业发展方向,结合自身的因素做出选择。

●预期收益　职业是个人谋生的手段,从客观上讲是以追求个人生存、发展及幸福为目的的。你在择业时,应考虑自己的预期收益,也就是个人满足和幸福感是否最大化。要在收入、社会地位、成就感和工作付出等变量组成中找出一个最大值,这也是职业生涯选择中的收益最大化原则。

话题三　走向就业之路

每个人都是独一无二的,具有别人无法取代的才能。也许有时我们面对失败会怀疑自己的才能,也许有时我们的才能得不到别人的充分肯定,这时我们不应该气馁,要客观分析自己,结合自己的职业兴趣,按照自己的职业规划,坚定不移地发现、发掘自己的才能。

方法常识

(一)树立正确的职业观

●认识职业的特点　职业的产生是社会分工的结果,具有明显的经

济性和一定的稳定性,不同职业有着不同的从业规范,并具有相应的知识水平和技能水平的要求。职业的主要特点如下:

1.专业性　即要从事一种职业,就必须具备专门的知识、能力和特定的职业道德品质。

2.多样性　随着时代的变化发展,社会经济和人们有着多种多样的需求,所以社会分工越来越细,职业的种类也越来越多。

3.技术性　每一种职业都有一定的技术含量或技术规范要求,这就是职业的技术性。

4.时代性　随着新生职业的产生,旧职业也获得了新内容,各种职业活动、种类随着时代的发展而发展变化,职业具有鲜明的时代性。

●掌握必备的职业技能　根据职业活动内容对从业人员工作能力水平的规范性要求是从业人员从事职业活动,接受职业教育培训和职业技能鉴定的主要依据,也是衡量劳动者从业资格和能力的重要尺度。职业院校的专业课程就是根据不同的职业技能要求而设置的。

掌握一种职业技能是就业的根本,也是顺利就业的途径之一。通过学习一定的职业技能,按照国家职业资格标准,参加职业资格认定考试,就可以获得一定的职业资格证书。

●培养必要的职业素养　职业素养主要由职业道德、职业意识、职业礼仪和职业行动力四个部分构成:

1.职业道德　职业道德是指人们在职业生活中应遵循的基本道德,即一般社会道德在职业生活中的具体体现。它是职业品德、职业纪律、专业胜任能力及职业责任等的总称,属于自律范围,它通过公约、守则等对职业生活中的某些方面加以规范。职业道德既是本行业人员在职业活动中的行为规范,又是行业对社会所负的道德责任和义务。

2.职业意识　职业意识是指职场中职业人所具有的意识。具体表现为:工作积极认真、有责任感和团队精神等。职业意识直接影响我们的就业状况。

3.职业礼仪　职业礼仪是指职场对职业人的礼仪要求。它包括职业形象礼仪、交往礼仪、办公礼仪、会议礼仪、交通礼仪、宴请礼仪等,每种职业有不同的礼仪要求。职业礼仪直接影响我们的就业质量。

4.职业行动力　职业行动力是指职场上职业人的工作能力。它包括必备的相关职业知识、有效沟通的语言表达能力和赢得合作的人际沟通能力等。职业行动力直接影响到我们的就业发展。

●树立正确的职业观　人的职业发展在个人生活中是一个连续的、长期的过程,职业选择随着年龄、资历和教育等因素的变化而变化(这和我们的身体、心理一样,有不同的阶段特点)。对于初进职业院校的我们,只要在今后的几年里根据我们的专业课程,掌握必备的职业知识和专业知识,学好专业技能,培养必要的职业素养,最终一定会找到自己理想的职业。

●培育工匠精神　工匠精神是职业道德、职业能力、职业品质的体现,是从业者的一种职业价值取向和行为表现,它的基本内涵包括敬业、精益、专注、创新等方面,职校生要培育工匠精神,做符合现代社会需要的合格工匠。

(二)了解就业的程序和方法

对于职业院校毕业生,一个完整的择业过程主要包括自我分析、了解要求、收集信息、准备材料、就业方式、签订协议、走上工作岗位等环节。

●自我分析　自我分析是指求职前对自己进行全面、客观的自我评估,了解自己的优势,又清楚自己的缺点和不足,以期在求职的过程中扬长避短、增加胜算。

●了解要求　职业院校毕业生先要了解学校当年度毕业生就业的具体规定和办法,如本校毕业生的就业范围,落实就业单位的时间要求,毕业生就业途径等。

●收集信息　获取用人信息主要有以下几种渠道:一是学校毕业生就业工作部门的职业介绍;二是顶岗实习单位所了解的情况;三是家庭、

亲朋好友及其他社会关系的帮助;四是报纸、网络等媒体的信息;五是各地方人力与资源保障部门的人才市场的招聘活动。

● 准备材料　准备就业的毕业生应该准备好就业推荐表、学业成绩单、毕业证书、职业资格证书、获奖证书等各种证书、个人简历、自荐信等材料。

● 就业方式　职业院校毕业生的就业方式主要是订单式培养与就业、学校推荐就业、双向选择就业、校园专场招聘会等。

● 签订协议　通过学校推荐或"双向选择"校园专场招聘会等方式,毕业生确定就业单位后,要与用人单位签订就业协议书,同时规定双方的权利和义务。

● 走上工作岗位　办好上述就业手续后,就可以在学校的帮助指导下,走向新的工作岗位了。

(三)知晓职业院校就业途径

● 订单式培养与就业　所谓"订单式培养",是职业院校根据用人单位的标准和岗位要求,与用人单位共同确立培养目标与人才规格,制定并实施教学计划,实现人才定向培养的教育模式。双方签订用人及人才培养协议,形成一种法定或近于法定的委托培养关系;明确双方职责,学校保证按需培养人才,学以致用;用人单位保证录用合格人才,用其所学。它促进了人才供需双方零距离对接,提高了职业院校毕业生就业质量和就业率,从而提高人才配置及利用效率。订单式培养的职业院校毕业生,一般到订单单位直接就业。

● 学校推荐就业　学校推荐就业是职业院校毕业生就业的有效途径。职业院校一般都设有就业推荐机构,其职责就是经常深入企事业单位,收集就业信息,开拓就业市场,建立与用人单位的长期联系,负责毕业生的就业推荐、就业工作协议的签订与审核,同时对职业院校毕业生的就业工作进行指导、培训,帮助他们转变就业观念。每年通过学校就业机构推荐,获得就业途径的职业院校毕业生大约占总就业人数的一半以上。

● 供需见面会　供需见面会主要指通过招聘会形式、双向选择实现就业的一种途径。为提高本校毕业生就业率,很多职业院校每年都会集中邀请一些与学校建立长期合作关系的用人单位,开展与学生供需见面的招聘活动,为用人单位、毕业生构建可靠、安全的双向选择洽谈平台,使毕业生通过洽谈会达成就业意向或者就业。这种招聘会基本上专门针对本校的毕业生,所招的职位要求与本校的专业方向相符或相近。因此,这种求职途径较受本校毕业生欢迎并具有一定的吸引力。

●**人才招聘会** 现在,大多数县级以上城市的人力资源机构,每年都会举办各种各样的招聘会。如大型的综合招聘会、中小型的专业招聘会以及专为毕业生服务的专场招聘会等。此类招聘会有许多特殊优势,招聘会规模庞大、招聘单位众多、行业范围广泛。届时,学校会组织毕业生参加这类招聘会,帮助他们了解就业行情,接触和熟悉社会,丰富求职经验。参加这类招聘会,需要注意的是,要有主见,不要人云亦云,盲目从众,一定要通过自己的接触作出判断。此外,一定要准备多份简历和个人材料,以备用人单位当场查阅。

●**自主创业** 自主创业是近几年来职业院校毕业生一种新的就业途径。职业院校毕业生利用所学知识小技能,通过科技创新、社会服务或发挥在某一方面的特长,自己或与他人合伙创办公司。自主创业不仅可以解决自身的就业问题,而且可以为他人创造就业机会。国家和地方政府都在积极支持和鼓励职业院校毕业生自主创业,现已出台了一系列的扶持政策,为职业院校毕业生的自主创业创造条件。

●**其他就业途径** 如果学校组织的各种就业途径仍然不能帮助职业院校毕业生找到理想的工作,那么也可以利用以下几种就业途径,找到适合的舞台。

1. **登门自荐就业** 在没有其他关系介绍和推荐的情况下,职业院校毕业生也可以带着自荐材料,直接到一些选定的公司登门拜访,勇敢地把自己介绍给对方,赢得用人单位的赏识。在直接登门自荐之前,首先要通过公司网站对该公司性质、特点进行了解,做到心中有数,要在拜访时表现出对该公司的熟知和喜欢,给用人单位留下良好的印象。

2. 报纸广告求职就业　通过报纸广告求职,是传统的求职方式,也是当前获得求职信息的重要手段。广告版面的大小也可以反映出招聘单位对人才的需求程度。在报纸广告上查找求职信息的时候,可优先考虑专业的人才类、招聘类报纸,还有日报、晚报大多有人才或招聘类专版。通过报纸求职往往要按求职程序进行,比如先邮寄简历,简历初审之后再被通知面试等。求职者应该严格遵守求职的程序。

3. 网上求职就业　网上求职方便快捷,是一种新的择业方式。网上求职一般有两种形式:一种是在网上发布求职信息,等待用人单位与你联系;另一种就是根据网上发布的招聘信息发送自己的求职意向,或直接登录用人单位站点,主动发电子邮件和对方联系。网上求职已得到众多的用人单位和毕业生的认可。网上招聘大多是通过搜索获得求职者个人信息的,所以,在发布相关信息时,须掌握相关技巧,比如:求职方向是"网页制作"一职,最好写成"网页(主页、网站)制作",这样被检索到的概率就会更大一些;个人资料一定要注意详细填写工作经历和教育经历,这是网上招聘单位最为看重的两项内容。但是,网上招聘也有不足的地方,虚假招聘消息或虚假简历会极大挫伤求职者或招聘单位的积极性,个人隐私问题也会给求职者带来麻烦。

无论哪种就业途径,要注意招聘诈骗与网络陷阱,一定要充分了解用人单位准确信息后再去报名就业。

(四)熟悉就业常识

●顶岗实习与就业　根据《中等职业学校学生学籍管理办法》中"学校应当按照法律、法规和国家教育行政部门文件规定组织学生顶岗实习"的要求,学校在第五学期结束后组织顶岗实习(顶岗实习不等于就业)。按照《中等职业学校学生顶岗实习管理规定》,"学生到实习单位顶岗实习前,学校与实习单位、学校与学生家长应当分别签订学生顶岗实习协议,明确各自责任、权利和义务"。

学校与学生以及实习单位签订的顶岗实习协议应当包括以下内容:

学校和实习单位的名称、地址和法定代表人或者主要负责人,实习单位接收学生实习工作负责人和实习指导教师的姓名,实习学生的姓名、住址和注册学号;实习期限;实习内容和实习地点;实习时间、休息休假;实习劳动保护;实习报酬;意外伤害保险;实习纪律;实习终止条件。

顶岗实习结束后,由实习单位指导教师和学校指导教师对顶岗实习生实习成绩进行考核。顶岗实习成绩分优秀、良好、合格和不合格四个等级,成绩合格后才能顺利毕业,优秀者有可能被实习单位留用。

● 试用期　试用期是用人单位和劳动者建立劳动关系后为相互了解、选择而约定的不超过 6 个月的考察期。按照《劳动法》规定,劳动合同可以约定不超过 6 个月的试用期。劳动合同期限在 6 个月以下的,试用期不得超过 15 日;劳动合同期限在 6 个月以上 1 年以下的,试用期不得超过 30 日;劳动合同期限在 1 年以上 2 年以下的,试用期不得超过 60 日;劳动合同期限在 2 年以上的,试用期也不得超过 6 个月。

● 双向选择　双向选择是毕业生和用人单位相互选择的就业方式。通过这种方式,毕业生可了解用人单位概况,用人单位则根据岗位要求对毕业生综合素质进行考察,决定是否录用。如双方达成协议,则应签订毕业生就业协议,作为就业上岗的依据。

● 三方协议　三方协议就是毕业生就业协议书。该协议书一式三份,毕业生、用人单位和学校各持一份。毕业生持此协议书与用人单位达成解决就业的有关共识。用人单位凭此协议书确定有关劳动岗位、劳动报酬和劳动福利保障,学校凭此协议书协调用人单位和毕业生的劳动关系,依法保障毕业生的劳动报酬和劳动福利。

(五)提高就业能力

● 解决理想和现实的矛盾　许多同学在选择就业岗位时,往往会遇到与自己理想和要求不相符合的工作。这时,如果过多地强调自己的就业能力、特长或过分地强调兴趣爱好,就会出现思想矛盾和思想阻力。因此,必须要根据岗位实际,从自己的家庭、兴趣、能力特长和社会经济等因素来综合考虑,解决理想和现实的矛盾。

● 拓展专业领域　近几年来,市场对劳动力的需求有新的变化趋势。用人单位在重视员工的专业技能的同时,重点考虑个人的职业道德和综合能力。面对那些与我们所学专业相近和相关的工作岗位,我们也要敢于面对,接受挑选(如,我们是计算机专业的,也可以尝试一些电子和其他相关设备的管理和维护工作;我们是旅游专业的,也可以做办公室文员、秘书等工作)。这样就拓宽了我们的就业门路,也使我们的职业生涯更加丰富多彩。

● 培养求职能力　第一,锻炼自己对求职信息的收集、筛选、分类、存储、使用能力,并将这种能力升华为信息的收集和使用能力,在今后的职业生活各环节中运用这种能力;第二,学习必要的面试技巧;第三,要根据我们的求职需求,锻炼求职礼仪,把在校学习的各种文明礼仪的"要我养成"变成"我要养成";第四,掌握求职信的写作特点,培养自己的写作能力、计算机文字处理和网络运用能力。

● 学会调整自己　我们从学生转换到就业者的角色,应学会适应环境,将环境的改变作为锻炼意志品质、开发自我潜能的机会。要树立越是工作条件艰苦、越是工作强度大就越能锻炼我们职业素质的思想,要服从领导的工作安排,接受领导的教育,适应企业的规章制度,调整自己的生活标准、思维方法及态度、性格,同时要根据相关法律、法规,维护自己的合法权益(相关法律、法规主要包括《中华人民共和国劳动法》《中华人民共和国劳动合同法》《中华人民共和国就业促进法》《中华人民共和国社会保险法》《企业劳动争议协商调解规定》《就业服务与就业管理规定》等)。

信息链接

高职高专与"985"一样有前途

《2018年就业蓝皮书》显示,2017年高职高专的就业率首次超过本科。

近日,一年一度的《2018年中国大学生就业报告》新鲜出炉,蓝皮书显示，2017届高职高专毕业生的就业率首次超过了本科生。

事实上，近10年以来，高职的就业率一直在稳步上升。甚至有用人单位表示，就算摒弃成本问题，比起一般学院的本科生，他们会更加倾向于录用专业技能更熟练的高职生。仅从这个角度看，高职就业率实现了与本科生的逆转，也是在情理之中。

高职生的就业率攀升，离不开需求的推动。改革开放以来，我国制造业取得巨大成就，今天，在高质量发展的指挥棒下，各个行业、各个领域在产业结构、质量效益上进行迭代升级，对专业技能人才的需求已经形成井喷之势。比起本科的理论教育，高职的教育方向更加契合专业技术领域的需要，高职高专毕业生的就业前景越来越好，这已经成为趋势。此次本科与高职就业率的"逆转"，并不是偶然，而是市场需求积累的结果。

发展变化的现实，倒逼人们转变观念。在"劳心者治人，劳力者治于人"的传统思想作用下，职业教育被贴上了"没有前途"的标签，很多学生情愿选择末等的本科，也不愿意就读高职高专。比起同样重视制造业的德国和日本，中国职业教育的力度显得颇为薄弱，这也导致我国的高级技工一直存在大量缺口。

近年来，越来越多的技术工人在科技领域的创造突破，逐渐打破了这种固化思维。比如研制出战机发动机装备的洪家光，他就是从打磨零部件起步,将多年的实践经验转变成了创新的基石,用匠心助力战鹰飞上了蓝天。再比如从事飞行器核心部件研制的王曙群,通过16年的坚守,他从一个技校生成长为航天特级技师,为国家打破了航天技术的封锁。知识理论不一定在实验室、科研机构,也在广阔的一线生产领域——相比于学院化的知识理论,来自一线生产实践中的创造突破,要求一点也不低,甚至更高,"唯有读书高"和"崇尚一技之长"已经没有了那么明显的高下之别。

  高职高专毕业生的就业率突飞猛进,这是喜人前景,但高职高专的教育水平、教育投入,也将水涨船高。如果只是认为高职高专的教育是本科教育的补充,甚至是高考落榜者的次优选择,那么它的教育就不会真正满足当下对技术人才——尤其是复合型技术人才的需求。从"制造大国"走向"制造强国"的进程中,时代在渴望知识与实践相结合的技术型人才,高职高专的教育面临越来越高的要求,在专业技术领域,它们的"身价"不应比"985"院校差,甚至应该呼吁高职高专教育涌现更多的一流名校。

  一流的职业教育不逊于一流的本科教育,"大国工匠"时代必定会有成就技术工人的广阔舞台。以"制造强国"为目标,我们需要在工匠数量和工匠质量上实现提升,就应当为高职教育提供更多的关注与支持,将创造能力、责任意识、工匠精神注入职业教育之中。

(资料来源:搜狐教育网)

话题四 实现升学梦想

  2014年6月,教育部等部门印发了《现代职业教育体系建设规划(2014—2020年)》。提出构建初、中、高三级层次的职业教育,这为中职学生升入专科层次高等职业学校和本科层次应用技术类型高校提供了有效途径。中职学子的大学梦不再遥远。

方法常识

(一)我国教育体系基本框架

我国教育体系分为学前教育、九年义务教育、高中阶段教育、大学教育和研究生教育五个层级,现在我们正在接受的是高中阶段教育中的中等职业教育。其基本框架图如下:

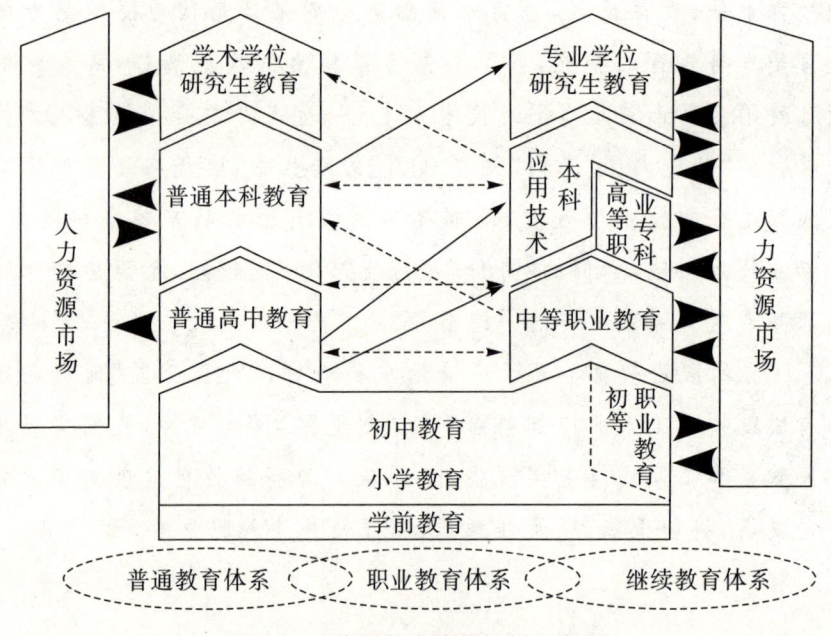

图7—1 我国教育体系框架示意图

从上图可以看出,与普通高中教育相对应的大学教育,有普通本科教育和学术学位研究生教育,而与中等职业教育相对应的则是高等职业专科、应用型技术本科教育以及专业学位研究生教育,而这正是今后一段时间我国构建国民教育体系的重要内容。从这个意义上说,中等职业教育不再是"断层教育"。

(二)安徽省职业教育体系建设量化目标

2014年11月,安徽省教育厅、发展改革委、财政厅、人力资源和社会保障厅、农委以及扶贫办等六部门联合印发了《安徽现代职业教育体系建设规划(2014—2020年)》,对我省现代职业教育的体系架构、重点建设任务、体制机制改革等进行了总体部署和顶层设计,把加快建立具有安徽特色的现代职业教育体系,推进全省职业教育科学发展提上日程。按照《安徽现代职业教育体系建设规划(2014—2020年)》的描述,我省到2020年,专科层次职业教育在校生数的量化目标为47万人,应用技术型本科占本科教育比重的量化目标为40%。

(三)安徽省中等职业学校毕业生的升学路径

● "3+2"或"3+4"培养模式 "3+2"或"3+4"培养模式是指初中毕业生在中等职业学校学习3年,然后经过考核部分或全部转入合作培养的高等职业院校或本科院校深造2年或者4年,毕业以后享受与普通高等职业院校毕业生或应用型本科毕业生同等待遇的一种独具特色的职业教育培养模式。目前,我省以初中为起点的五年制高职培养制度及"3+2"培养模式在许多中等职业学校已经展开,而与本科高校合作举办的"3+4"本科层次职业教育培养模式尚属试点阶段。职校生在修完职校3年的课程,经考核合格后,可通过这一特有途径直接升入高职专科或应用型本科院校继续学习深造。

● 高等职业院校自主招生 高等职业院校自主招生指中等职业学校毕业生,在我省对口高考考试报名取得考生号,通过全省普通高校招生统一体检,符合《普通高等学校招生体检工作指导意见》要求后,在规定的时间段内报名参加具有自主招生资质的高等职业院校独立的招生考试,合格后将不需要参加普通高考或对口高考直接升入高等职业院校(专科)。

现阶段,高等职业院校的自主招生考核主要分为文化基础测试、综合素质测试两个部分,其中文化基础测试采用笔试的形式,占总分值的40%;综合素质测试采用面试的形式,主要考核社会时事、思想品德、身心素质、科技文化及职业素养、语言表达能力、分析问题和解决问题的能力等,占总分值的60%。

●应用型本科高校对口招生　应用型本科高校对口招生是指应用型本科高校面向中等职业学校毕业生对口招生。通过全省普通高校招生考试报名平台报名。考试内容为"知识+技能"。应用型本科高校对口招生录取的大学新生与普通高考录取的新生性质相同,按专业编在同样班级学习,毕业后待遇等也完全相同。

●其他升学路径

1. 技能优异者免试就读本科院校　《2019年安徽省应用型本科高校面向中职毕业生对口招生工作实施方案》中指出:"近三年来获教育部主办或联办的职业院校技能大赛三等奖及以上奖项的考生、获安徽省教育厅主办或联合主办的但未纳入当年国赛项目的省级职业院校技能大赛前3名且为一等奖的考生,报考相应专业,填报学校志愿,需参加文化课考试(成绩供参考),并经招生本科院校面试通过,可直接录取。"

2. 校长实名推荐就读专科院校　根据2019年部分职业院校的自主招生章程,中等职业学校毕业生可由学校按照《××学校自主招生校长实名推荐选拔办法》,直接推荐就读专科院校。

3. 专科起点考试就读本科院校　中等职业学校学生参加高等职业院校自主招生考试就读高等职业院校,完成了高职专科阶段的学业后,可以参加专科起点考试招生。主要有两类:一类是本科高校面向全省应届中职毕业生进行考试招生;另一类是有关高职院校与本科高校合作面向应届高职高专毕业生招生。其报考资格条件和考试办法由本科高校制定。

信息链接

2019年安徽省应用型本科高校面向中职毕业生
对口考试和招生工作实施方案(节选)

根据《教育部国家发展改革委财政部关于引导部分地方普通本科高校向应用型转变的指导意见》(教发〔2015〕7号)、《安徽省人民政府关于加快发展现代职业教育的实施意见》(皖政〔2014〕81号)以及教育部办公厅《关于天津等10省(区、市)2018年实施部分本科高校招收中职毕业生的意见》(教学厅函〔2018〕16号),为更好地引导部分地方普通本科高校向应用型转变,完善现代职业教育系统培养体系,强化高素质技术技能人才培养,现就做好我省应用型本科高校面向中职毕业生对口考试和招生工作(以下简称"对口招生")提出如下实施方案:

一、招生对象

安徽省中等职业学校(包括普通中专、职业高中、成人中专、中等技工学校,下同)的应历届毕业生(具有中等职业学校学生学籍或学历,不含普通高中举办的综合班),包括具有中职学历的农民工、退役士兵、企事业单位在职职工、失业人员等,符合普通高校招生考试报名条件,并已按规定参加普通高校考试招生报名。

二、考试内容

考试内容为"知识+技能",以教育部颁布的现行教学大纲及专业教学标准为依据。其中,文化课考试内容参照全省统一的《安徽省普通高校分类考试招生和对口招生文化素质测试考试纲要》;专业理论考试及技能测试内容参考《安徽省普通高校对口招生专业理论和技能测试考试纲要(2019年版)》。

知识部分考试科目包括文化课和专业理论,总分为500分。其中,文化课考试实行语文、数学、英语三科合卷,满分300分(其中语文、数学各120分,英语60分);专业理论满分200分。

技能测试总分为250分,计入总分。150分及以上为合格,150分以下为不合格。

知识部分和技能测试部分合计总分750分。

艺术、体育、学前教育类等专业的专业理论考试与技能测试可合并实施。

三、考试方式

文化课实行全省统一考试。统一考试时间:2019年3月中下旬。

专业理论考试及技能测试均由对口招生院校命题、组织考试并阅卷评分。相同或相近专业的专业理论考试和技能测试由牵头本科高校负责命题、组织考试、测试及阅卷评分。具体时间安排详见各招生院校官方网站公告。

四、鼓励政策

1. 近三年来获教育部主办或联办的职业院校技能大赛三等奖及以上奖项的考生、获安徽省教育厅主办或联合主办的但未纳入当年国赛项目的省级职业院校技能大赛前3名且为一等奖的考生,报考相应专业,填报学校志愿,需参加文化课考试(成绩供参考),并经招生本科院校面试合格,可直接录取。

2. 获得县级及以上劳动模范先进个人称号在职在岗的,或工作满3年且具有相关专业高级技能等级证书的考生,报考相应专业,总分可加10分,加分项目不累计计算。

(四)正确处理就业和升学的关系

● 树立一种观念　无论选择就业还是升学,都应记住:生命是一种长期而持续的累积过程。它绝不会因为单一的事件而毁了人的一生,也不会因为单一的事件而救了人的一生。如果我们看得清这个事实,许多所谓"人生的重大抉择"就可以淡然处之,根本无需焦虑。而所谓"人生的困境",在当下也就变得无足挂齿。

● 升学是为了更好地就业　随着国家职业教育发展体系的构建,我们的升学之路将越来越宽阔。我们应了解未来社会和职业发展对我们的素质要求,处理好个人与社会、理想与现实、主动与被动的关系,升学不是我们的最终选择,就业(包括升学之后的大学毕业后的就业)才是我们立足社会的根本,也是我们的最终选择。

● 如何选择就业或升学　现阶段,职业院校在起始年级都实行了"宽基础、活模块"的大专业制,在对职业院校的文化基础课程、专业理论课程和专业技能课程有一定的学习基础上,我们要进一步分析自我条件,合理评估家庭、学校和社会等条件中对自己的有利和不利的因素,根据自己的职业生涯规划选择就业或者升学。不要仅仅为了提高学历而选择升学。职业院校的学生在就业以后还可以通过各种教育培训来提高学历,实现终身学习。

信息链接

安徽省应用型本科高校联盟(节选)

2008年12月26日,应用型本科院校建设研讨会暨安徽省新建本科院校第五次协作会在铜陵学院召开,会议期间,参会院校一致认为:为了优化高等教育资源配置,提升办学效益与竞争力,14所本科院校成立安徽省应用型本科高校联盟,又称之为"安徽省行知联盟"。14所本科院校中除安徽科技学院外,其余13所高校皆为新建本科院校。安徽省应用型本科高校联盟在安徽省委教育工委、省教育厅具体指导下开展工作。第一届轮值主席单位为铜陵学院,第二届轮值主席为合肥学院,2011年轮值主席单位暨第三届轮值主席为滁州学院。2011年3月,经联盟各成员单位推荐,合肥学院为常任理事单位。2012年轮值主席为安徽科技学院,2013年轮值主席为皖西学院。2014年轮值单位为黄山学院,2015年为安徽新华学院,2016年为蚌埠学院,2017年为宿州学院,2018年为合肥师范学院。

拓展训练

谈谈自己的职业发展规划及具体措施

拓展目标:

　　明确自己的职业发展目标,规划自己的职业生涯。

拓展方法:

　　拟订自己的职业发展阶段性目标计划,并列出具体实施措施。

拓展过程:

　　1.老师结合职业兴趣测评和职业生涯的有关知识,对学生职业发展阶段和将要采取的具体措施进行有效指导。

　　2.学生分组交流自己的职业发展阶段和要采取的措施。

　　3.每小组派一名代表阐述自己的职业生涯规划,由学生讨论、评价,老师总结、完善。